ちくま新書

東京裁判「神話」の解体

——パル、レーリンク、ウェブ三判事の相克

D・コーエン
David Cohen
戸谷由麻
Totani Yuma

JN259816

東京裁判「神話」の解体
――パル、レーリンク、ウェブ三判事の相克【目次】

序章　東京裁判「神話」とは何か　011

1　裁判研究の動向　013
ニュルンベルク・東京裁判は個人責任原則の歴史的先例／初期の裁判研究家／パル反対意見とその波紋／新しい研究の息吹――粟屋研究とその遺産／「勝者の裁き」論の存続

2　今日の日本と国際正義　021
ニュルンベルク・東京裁判からローマ規程へ／日本も支援する今日の国際刑事裁判／「勝者の裁き」言説の盲点――ニュルンベルク裁判／国際ニュルンベルク原則アカデミーが世界に発信するメッセージ

3　公判審理で受理された膨大な証拠と証言　027
わたしたちが問うべきこと／多数派判事による責任論と証拠の扱い方／国家の「主権の行為の原則」に拘泥するパル反対意見／レーリンク神話とレーリンク反対意見の乖離／ウェブ神話をくつがえすウェブ裁判長判決書草稿

4　本書の視点　035
三判事をめぐる神話の存在とその解体／史料の邦訳について

第一章　東京法廷における責任論――起訴状から多数意見まで　039

1　政府指導者責任の原則　040

選ばれた被告人は主に政府高官／裕仁天皇の不起訴とその波紋

2　いろいろな責任論――共同謀議論と個人責任の原則　046

日本政府組織に関する検察側の立証／弁護側も認める日本政府組織の主な特色／戦争犯罪に適用する作為・不作為責任／政府高官に責任を問う法的根拠

3　法廷における戦争犯罪の追及　055

証拠収集――ヨーロッパ戦線と極東との違い／「犯罪の証拠」と「連鎖証拠」／弁護側の主張――犯罪発生は認めるが被告人の個人責任を否定

4　戦争犯罪の事例――重光葵　063

重光の旧部下鈴木九萬の証言／閣僚の個人責任をめぐる争点

5　多数意見――平和に対する罪　068

個人責任論より共同謀議論を好む多数派

6　多数意見――通例の戦争犯罪　072
閣僚責任の基準／「犯罪の証拠」から推論される責任論／多数意見がやり損ねたこと

第二章　パル意見は「判決」か「反対意見」か？　081

1　はじめに　082
過度に冗長で明快な論述に欠けるパル意見／反対意見になっていないパル意見／パルは判事の職務に無関心／多数意見を読まずに「反対意見」の執筆完了／本章で試みること

2　平和に対する罪に関するパルの見解　091
単純な法律問題に多大な紙幅を費やすパル／「博識な学者たち」からの膨大な引用と微細にわたる考察／政府高官に絶対抗弁を提供／ニュルンベルク判決は無視／戦争犯罪に適用する責任論はあいまい／首尾一貫しない「法律上の重要問題」／戦争は国際法のもと犯罪ではないと結論／侵略戦争の定義づけが必要と新たに主張／ニュルンベルク法廷のジャクソン冒頭陳述を曲げて解釈

3　「それ以前の行動」と真の侵略者の意味　111

主戦論者パル／預言者パル／戦争の歴史的因果関係を強調

4　共同謀議の起訴内容　117

過去の犯罪より将来の脅威を憂慮／「勧告」

5　戦争犯罪に関するパルの見解　124

個人責任は原則的に認めない／不都合な法理論や判例は無視／ニュルンベルク判決にみる文官の不作為責任／戦争犯罪の事実は略述で済ませる／一般市民に対する戦争犯罪の記述は一〇頁のみ／事例──「シンガポールおよびマレー」での戦争犯罪に関する記述／連合国をナチス・ドイツに比す／各被告人の個人責任は審査しない

6　戦争犯罪に対する個人責任についてのパルの論　138

政府高官に適用される責任論はぼやかす／捕虜虐待に関する責任の所在／「孤立」論と「行過ぎ」論／弁明の手段としてのBC級戦犯裁判／ニュルンベルク継続裁判の事例──高位を占める者ほど大きな責任を有する／虐待は日本人の「国民的」要素論／「国家の行為」論とその意味

7　まとめ　148

第三章　レーリンク判事――極東国際軍事裁判のもうひとりの英雄か？　151

1　はじめに　152
ニュルンベルクにおける外務省高官の有罪事例／レーリンクが反対意見に至った経緯の謎／レーリンク意見の一大パラドックス／バラバラな構成のレーリンク意見

2　裁判所憲章をめぐる問い　157
第一の問い――憲章は裁判所に対して拘束力があるか／ニュルンベルク判決を曲解／オランダ政府と交信するレーリンク／第二の問い――侵略戦争は現行の国際法で犯罪をなすか／国際法より国際関係を重視／第三の問い――侵略戦争は慣習法で犯罪をなすか／レーリンク意見の大反転／やっぱり平和に対する罪は裁ける犯罪――レーリンクの新たなロジック／連合国は正義の戦いを遂行した戦勝国／国際法の違反者は犯罪者というより政治犯／つまるところ国際法とは政治的便宜主義

3　レーリンクによる「事実に関する考察」　178
戦争遂行に参加した政府高官でも「平和主義者」なら無罪？／刑事責任より政策的配慮を重視／レーリンクを諭すウェブ／レーリンクの悩み――軍部を積極的に支持した文官の処置／日中戦争に目をつぶるレーリンク

4　個人に対する判決　189
広田弘毅の事例／第一の論――広田の過ちは「自分の力の誤算」／第二の論――広田は宥和政策として武力行使を支持／第三の論――広田は「侵略者」だったが「侵略者の巨頭達」には数えられない／南京事件に対する広田の責任
5　おわりに　198

第四章　ウェブが著した権威ある「東京判決」　201

1　はじめに　202
公表されなかった「裁判長による判決」の謎／各被告人の証拠に基づく責任究明に集中／多数意見やパル意見にみられる戦争史の再構築は排除／弁護側の反証を重視
2　平和に対する罪　208
裁判所に適用される憲章と法／一九二八年パリ条約の法的効力／侵略と自衛――日本とアメリカの合意点／戦争の合法性は司法機関が決定する／侵略の定義づけから個人責任の考察へ
3　平和に対する罪に関する個人判決　215
畑俊六の事例／平沼騏一郎の事例／広田弘毅の事例／木村兵太郎の事例／重光葵の事例／

嶋田繁太郎の事例
4 通例の戦争犯罪 237
戦争犯罪の「認識」に関する基準／日中戦争の場合／太平洋戦争の場合／天皇の個人責任
5 被告人の責任――政府指導者の場合 249
平沼麒一郎の事例／重光葵の事例／小磯国昭と東郷茂徳の事例
6 被告人の責任――軍指導者の場合 258
土肥原賢二の事例／畑俊六の事例／木村兵太郎の事例／岡敬純の事例／佐藤賢了の事例
終章 「裁判長による個別意見」の遺産 269
ウェブは多数派と同意見ではなかった／ウェブ個別意見の論点／裕仁天皇の個人責任
あとがき 279
主要文献 281

序　章
東京裁判「神話」とは何か

向かって左からパトリック（イギリス代表）、クレイマー（アメリカ代表）、
ウェブ（オーストラリア代表・裁判長）、梅（中国代表）、ザリヤノフ（ソ連代表）
〔アメリカ公文書館FE-238〕

極東国際軍事裁判所（以下「東京裁判所」）が、一九四八年一一月四日から一二日にかけて判決を公表してから七〇年もの歳月が流れたが、いまだに東京裁判は主張や論争の的となりつづけている。その中心には、パル判事、レーリンク判事、ウェブ判事といった裁判の主要人物三名が果たした役割がなんだったのかをめぐる議論がある。時間の経過とともに、これらの人物に関する英雄伝あるいは中傷といった、ある種の神話が育ち、そのため、実際にかれらが判事として東京裁判の審理で何を述べ何をしたかについての、客観的な分析が阻害され不明瞭になっている。

本書の目的は、そうした神話のベールを押し退けて、今日まで持続する論争の発端となった東京裁判のいわば「遺産」をめぐる相克で、これら三者が真に果たした役割をあきらかにすることにある。

東京裁判所の判決は、多数意見、二つの個別同意意見、三つの個別反対意見にわかれたが、これらのほかに、オーストラリア代表判事で東京裁判所の裁判長をつとめたウィリアム・ウェブ卿は、六五八頁におよぶ判決書草稿を著していた（以下「判決書草稿」）。しかし、多数派を構成した七名の判事から賛意を得られなかったためウェブ裁判長はこれを引き下げ、そのかわり、「裁判長による個別意見」と題したごく短い個別の賛意意見を提出するにとどめている。本書は、ウェブによる判決書草稿を中心とした新しい東京裁判論を展開することを趣旨とするが、判決書草稿の歴史的意義をあきらかにするため、まず東京裁判の起訴状から多数意見までの概観を提供し、そして従来の東京裁判論を形づくる大きな役割を果たしたパル意見とレーリンク意見も合わせて論じる。

1 裁判研究の動向

多数意見の最終判定では、被告人二五名全員が、「平和に対する罪」（今日の国際刑法では「侵略の罪」で知られる）や、捕虜虐待や占領地の市民に対する残虐行為などのいわゆる「通例の戦争犯罪」に関する訴因一つかそれ以上について有罪とされ、うち七名は死刑、残りはさまざまな期間の禁固刑を宣告された。死刑は一九四八年一二月二三日に執行された。受刑者のうち五名は収容期間中に獄死したが、他は一九五〇年から一九五六年のあいだに釈放された。

以来、わたしたちは東京裁判についてどのような知識を得てきたのか。また、これまで生成してきた論争や今もなお伸長しつづける東京裁判研究の成果により、わたしたちの裁判評価はどのように形作られてきたのだろうか。

ここ二〇年ほど、欧米では東京裁判研究に新しいうねりがみられ、この分野は活気を帯びるようになった。新しい研究は数多いが、代表例には、ニール・ボイスターとロバート・クライヤーによる *The Tokyo International Military Tribunal: A Reappraisal*（邦訳は『東京裁判を再評価する』）とそれに付随する刊行資料 *Documents on the Tokyo International Military Tribunal: Charter, Indictment, and Judgments*（東京国際軍事裁判――憲章、起訴状そして判決）、戸谷由麻による *The Tokyo War Crimes Trial: The Pursuit of Justice in the Wake of World War II*（邦訳は『東京裁判――第二次大戦後の法と正義の追求』）、田中利幸、ゲリー・シンプソン、ティム・マコーマック（編）の *Beyond Victor's Justice?: The Tokyo War Crimes Trial Revisited*（邦訳は『再論　東京裁判――何を裁き、何を裁かなかったか』）などがあげられる。

これらの書は、従来の研究で欠落しがちだった東京裁判の法的分析を提供することを主眼とする点が、共通している。

†ニュルンベルク・東京裁判は個人責任原則の歴史的先例

同じ頃、国際社会全般でも東京裁判の評価は著しい変化をとげた。かつて欧米諸国では東京裁判はあまり知られず、ただいくつかの英文刊行物をつうじて東京裁判の断片的な知識が取得されていた程度だったとみられる。しかし、二〇一八年現在では、ニュルンベルク諸裁判（一九四五－四九年）とならんで東京裁判（一九四六－四八年）は、国際刑事裁判史上の基盤となる出来事だったという理解が一般化している。

なぜ東京裁判が近年の国際社会で評価されるようになったのかというと、ジェノサイド罪、戦争犯罪、人道に対する罪、そのほか大規模な人権違反に対する免責をなくすための国際刑事裁判、というメカニズムが、ますます世界的に重要な役割を果たすようになってきたからであろう。とくにニュルンベルク・東京両裁判は、国際犯罪に対する個人責任の原則を認め適用した歴史的先例、と評価されている。そして、これらを先例として、およそ五〇年後に旧ユーゴ国際刑事裁判所（ＩＣＴＹ）とルワンダ国際刑事裁判所（ＩＣＴＲ）が設置されている。

†初期の裁判研究家

東京裁判にスポットライトが当てられるようになったのは、国際社会では比較的最近とすれば、日本では東京裁判は長いあいだ熱心な研究の対象であり、その起源は一九四六年にまでさかのぼる。その結果、東京裁判に関する研究や出版は、日本語ではすでに七〇年分の蓄積がある。これら七〇年間にみられた日本国内の裁判研究の動きを、ここで簡潔にたどってみよう。

東京裁判を研究の対象にするという点で先導的立場に浮上したのは、はじめは法学者や社会科学者が主だった。いわば「初期の裁判研究家」には、以下のような法曹界での著名人が含まれた。①戦前から国際法の権威として名高い横田喜《き》三郎《さぶろう》は、満州事変以来の中国における日本政府の対外政策を批判し、戦後も法学者としての信用を保ち一九六〇－六六年には最高裁判所の裁判長をつとめた人物、②その学識により戦後日本における刑法の分野を定義づけた刑法学者の団藤重光《だんどうしげみつ》は、一九七四－八三年に最高裁判所の判事をつとめた人物、③民法学者として著名な戒能通孝《かいのうみちたか》は、高度成長期の初期には弁護士の実務にも当たり、社会・経済的に苦境におかれた市民を支援した人物、そして、④英米法を専門とする高柳賢三は、東京裁判における被告人のリーダー格弁護人だった人物、などである。

横田、団藤、戒能、高柳そのほか同時代の法学者や社会科学者による東京裁判の評価はさまざまだった。しかし、かれらが手がけた研究の大半には、ひとつの重要な合意がみられる。それは、東京裁判が国際法の歴史的発展に積極的な貢献をし、とくに国際犯罪に対する個人責任の原則を認め適用した、という共通理解である。

もちろん、個人責任の原則の妥当性を争う意見もあった。たとえば、高柳は東京裁判の法廷にて被告人のために主張してきたように、自身の論文等でも、国家という抽象的実体にのみ責任が帰せられるべきだという、いわば「主権の行為の原則」や、政府職員の免責の特権という原則の遵守を論じ、個人責任の原則を退けた。「主権の行為の原則」をめぐる論争は、本書でとりあげる三判事のあいだにも顕著にみられる。それは後述する。

いずれにせよ、東京裁判の歴史的意義について、冷戦後の国際刑事裁判の文脈でなされているものと同じ論や評価が、七〇年前の裁判当時に日本の法曹界で展開されていたのは注目される。

とはいえ、初期の裁判研究家による研究の成果は広く流布しなかったようであり、最終的には、同時代のひとびとに東京裁判の法律や法理学のさらなる研究をうながす方向にはつながらなかった。他方、横田や団藤、戒能らは東京裁判論議に長々と拘泥するわけでなく、むしろ経済復興をとげつつある日本国家と社会に生じる新たな諸問題について、それぞれの本職の立場から対処することを求められ、法曹家、法学者、判事、弁護士などのキャリアに進んでいった。

†パル反対意見とその波紋

こうして、初期の裁判研究家がほかの分野や職業へ移り去っていくと、そのあとの一九五〇年代から一九七〇年代半ばまで東京裁判研究は沈滞期に入る。しかし、東京裁判が忘れ去られたというわけではない。この時期も、東京裁判の歴史的意義についての討論は活気を帯びた。けれども、それは東京裁判を批判視していた者が、東京裁判の歴史的意義を否定する組織的な努力をはじめたことから結果した活況だった。

実際、「勝者の裁き」という批判は、裁判時から一部の裁判論者のあいだであがっていた。すでに戦争に負けた日本の国家指導者たちが、戦勝国である連合国によって今度は訴追され、通常の犯罪者という烙印を押されようとしていることへの反発があったのである。このような反発は、東京裁判の被告人たちのほか、被告人のかつての同僚や友人たちにみられた。一九五二年四月に日本がいよいよ主権を回復すると、かれらは東京裁判を公然と誹謗し、その遺産を組織的に攻撃するようになった。

東京裁判の意義を否定する大がかりなキャンペーンは、インド代表判事ラダビノード・パルに力を得たため、かなりの効果をもたらした。パルは、反対意見を提出した三人の判事のうちのひとりである。その長く複雑に込み入った論で、パルは「各被告はすべて起訴状中の各起訴事実全部について無罪」と結論づけていたが、同判事は、一九五〇年代から一九六〇年代にかけて戦犯受刑者の同志らから招待を受け、三度にわたり訪日した。日本に滞在中、自分の反対意見こそ東京裁判所の「判決」とし、多数意見については、それは戦勝国たる連合国による「戦時宣伝」の延長に過ぎず、日本人に敗北主義的な考え方を強いるものだと酷評した、と伝えられる。こうして、パルが東京裁判所の判決を否定する挙動にでたことから、東京裁判の批判者のあいだで同判事は英雄視されるようになり、また、かれを讃える記念碑も各地で設置されるようになった。

†新しい研究の息吹——粟屋研究とその遺産

一九七〇年代末になると、東京裁判をあからさまに政治化する右の動きとは対照的に、裁判研究に新風をもたらす本格的な学術研究がはじまった。立教大学で日本現代史を教える著名な歴史家、粟屋憲太郎《あわやけんたろう》によるものである。

粟屋は、アメリカの公文書館で公開されて間もない裁判資料から、膨大な国際検察局の内部文書を発掘し、はじめてそれらの新史料を使った裁判研究を実施、従来知られていなかった検察局の活動を、多数の論文や単行本や刊行史料により日本の読者に知らしめた。また、アメリカの公文書のみならず、オーストラリアにも足をのばし、連合国が東京裁判をどのように計画し準備したのかをあきらかにする重要文書を、さらに開拓した。

新史料を使って、粟屋は以下のような新しい問いかけをしている。①検察局は、被告人をどのようにして選んだのか、②検察局は、訴追事項の優先順位をどのようにして決めたのか、③検察局は、どのようにして証拠を集め起訴内容を固めていったのか、④検察局は、日本人の被告人や証人からどのような協力をえたのか、⑤連合国は、裕仁《ひろひと》天皇（昭和天皇）を戦争犯罪人として取り扱う問題を、政策上どう処理する決定をしたのか、⑥裕仁天皇を裁かないという連合国の政策決定は、日本における戦争責任の理解にどのような長期的影響を及ぼしたか、である。

これらの重要な歴史問題にとりくむ粟屋研究の成果は、学界でも一般庶民のあいだでも大きな反響があり、以来、粟屋研究は日本における東京裁判の学問的理解の原点となった。さらに粟屋研究は、分野としての東京裁判の研究を大いに活気づけ、一九九〇年代から二〇〇〇年代には、次世代の研究者による新しい研究路線も開拓されるようになった。

この時期の研究から生まれたもっとも重要な成果は、日暮吉延《ひぐらしよしのぶ》による『東京裁判の国際関係――国際政治における権力と規範』（二〇〇二年）である。全部で七〇八頁におよぶこの大著は、書名からわかるとおり、東京裁判を第二次大戦後の国際政治の縮図ととらえ、裁判に参加した一一カ国の連合国が、戦後の国際秩序を再定義するためどのように競争し、あるいはパートナーシップを築いたかを、膨大な公文書を利用してあきらかにしている。この書は、粟屋研究にみられる史料の分析や研究の手法に倣うところがある程度みられるが、旧連合国の公文書をより組織的、系統的、そして徹底的に開拓している点で、粟屋研究とは一線を画すものである。本書の出版により、分野としての東京裁判研究は、ひとつの成熟点に達したといっても過言ではない。

†「勝者の裁き」論の存続

ところが、これらの学術研究の成果にもかかわらず、「勝者の裁き」批判で東京裁判を退けるという言説は存続した。この言説には、戦争や戦争犯罪に対する日本側の責任を否定するために有用な「英雄」や「悪人」が構築され、組み込まれているのが特徴的であるが、くわしくは、本章の第3節および第一－四章でとりあげる。

2　今日の日本と国際正義

右のような発展に照らすと、日本においては一九七〇年代末以降、欧米においては一九九〇年代以降、東京裁判研究に対する関心の高まりがあったことから、一方ではわたしたちの東京裁判に関する知識は広げられた、ということができる。とくに、日本軍将兵や官憲による戦時下残虐行為を記録したり、国際法の発展を促したりした点で、東京裁判に歴史的貢献があったと評価できよう。しかし他方、東京裁判は勝者の裁きだったという批判が、日本社会における東京裁判の言説に支配的でありつづけたのも実情である。こういった状況は、たとえ東京裁判の諸側面について本格的な学術研究がなされても、東京裁判はしょせん戦勝国である連合国に従属する政治的な見せ場にすぎず、法や法理論の発展あるいは正義の実現という功績はほとんどない、といった見方を助長せざるをえない。

今日の日本におけるこのような状況は、不可思議でないとすれば、じつに逆説的である。というのは、東京裁判が「勝者の裁き」であったという批判が国内で根強いにもかかわらず、じつのところ日本は、今日における国際社会の現場で東京裁判の遺産の擁護者、またその旗手たる役割を担っているからだ。

†ニュルンベルク・東京裁判からローマ規程へ

先に述べたとおり、東京裁判では、同時代のニュルンベルク諸裁判とともに国際犯罪に対する個人責任の原則を認め適用し、そのほかにも後世に重要度を増す国際法の法理を確立し適用するという、先見の明ある措置がとられた。このことは、今日の国際社会において、ニュルンベルク裁判と東京裁判の歴史的功績に関する共通理解となっている。

なかでも個人責任の原則は、一九四六年に国連総会が採択した決議九五（一）により、国際法の中核たる原則と確認され、一九五〇年に国連の国際法委員会が作成した「ニュルンベルク諸原則」の一環として定式化された。以来、これは国際刑法の分野における基本原則となっている。今日オランダの都市ハーグに常設されている国際刑事裁判所に適用される「国際刑事裁判所に関するローマ規程」（一九九八年採択、二〇〇二年発効、以下「ローマ規程」）にも、この原則が鎮座している。

今年二〇一八年は、ローマ規程が調印されてちょうど二〇年たつが、日本は二〇〇七年にローマ規程へ加入した。その結果、日本はニュルンベルク・東京裁判の主要な遺産——すなわち、平和に対する罪、戦争犯罪、人道に対する罪、ジェノサイド罪を犯した者に対する免責に終止符をうつという遺産——を前進させるための、積極的な役割を担う立場をとったのである。

†日本も支援する今日の国際刑事裁判

じつに日本は、ニュルンベルク諸原則を実践するため、新世代の国際刑事裁判を支援する主要な役割を果たしている。

たとえば、一九九三年に国連安全保障理事会が決議八二七を全会一致で採択し、旧ユーゴスラビア国際刑事裁判所（ＩＣＴＹ）の設置を決定したが、日本は非常任理事国としてその全会一致決議に支持票を投じた一国である（関連文書は、United Nations Dag Hammarskjöld Library http://repository.un.org/hardle/11176/51134に掲載）。日本はその後、旧ユーゴスラビアとルワンダ国際刑事裁判所の活動を支え、さらに、二〇〇六年に設立されたカンボジア特別法廷（ＥＣＣＣ）では、その設立当初から最大援助国として支援している。同法廷は、一九七〇年代カンボジアのクメール・ルージュ政権下で敢行された重大な犯罪につき、最も責任のある者を裁くため設立された。

現在日本政府は、「日本の安全保障と国際社会の平和と安定」と題した外務省のウェブサイトで、「日本は、国際社会における法の支配の確立に向け、重要かつ建設的な貢献を行ってきています」と唱い、国際社会における法の支配について、日本が具体的にどのような貢献をしているのかを例示している。

†「勝者の裁き」言説の盲点——ニュルンベルク裁判

こうして今日の日本は、国際刑事裁判の進展のため有意義な役割を果たしてきている。この事実を踏まえると、国際刑事裁判の歴史的発展にニュルンベルク・東京裁判が基盤をなしている、というコンセンサスがいまだ日本に育っていないという状況は、むしろ奇妙である。そのかわり、「勝者の裁き」という批判が根強く残り、この批判が日本社会における東京裁判とその遺産の理解を形成しつづけている。

東京裁判では、ニュルンベルク裁判と同じ原則に立脚し、同様の犯罪が訴追されたのであるから、「勝者の裁き」批判を展開するとすれば、それはニュルンベルク裁判に対しても展開されなければならない。しかし、日本における裁判論議ではニュルンベルク裁判はたいてい等閑視されている。

†国際ニュルンベルク原則アカデミーが世界に発信するメッセージ

ニュルンベルクと東京裁判の遺産を比較してみると、じつは戦後長くドイツの学者も、ニュルンベルク裁判に対して「勝者の裁き」批判を展開していたことがわかる（ただし、批判の焦点は主に法律上の技術的な問題であって、必ずしもヨーロッパ戦線におけるドイツの戦争を特徴づけた侵略や戦争犯罪の事実関係ではない）。

しかし、近年ドイツ政府と市民は、とうとう「勝者の裁き」言説を乗り越えてニュルンベルク裁判の遺産を積極的に継承する、という画期的な立場をとるに至った。二〇一四年、ドイツ連邦共和国、バイエルン州、ニュルンベルク市の三政府は、共同して「国際ニュルンベルク原則アカデミー」を設立（以下「ニュルンベルク・アカデミー」）、その公式の場所として、かつてニュルンベルク裁判が実施された歴史的法廷——ニュルンベルク市内にある地方裁判所の建物「正義の宮殿」の第六〇〇号法廷——をえらびとった。

ニュルンベルク・アカデミーが、ニュルンベルク裁判の歴史的意義をどう理解しているかはあきらかである。配布されているニュルンベルク・アカデミーの公式のパンフレットには、つぎのような宣言が掲げられている。

> ニュルンベルク裁判の後、国際犯罪に対する免責に終止符をうつという普遍的な願いを国際社会は表明し、国際法委員会にニュルンベルク諸原則を定型化することを委託、一九五〇年に［諸原則は］発表された。その構成要素は、平和に対する罪、戦争犯罪、人道に対する罪は国際犯罪であり、こうした犯罪を犯す者は何人たりとも責任があり、よって処罰を免れないこと。最も高位の文民も軍指導者も国際犯罪に対して責任を負うこと。上官からの命令は、必ずしも刑事責任の免除とならないこと。そして、公平な裁判を受ける権利があること。ニュルンベルク・アカデミーの使命は、この遺産を維持し広めることである。（傍点は加筆）

さらにニュルンベルク・アカデミーは、ニュルンベルク裁判と東京裁判が現代の国際刑法の生誕地という共通の遺産をもっていることを認識し、二〇一八年五月、東京判決七〇周年を記念する国際会議を第六〇〇号法廷にて三日間にわたり主催した。

ドイツ・バイエルン州ニュルンベルク市における右の動きに照らすと、なぜ日本の首都東京には、日本政府や東京都のイニシアティブによる「国際ニュルンベルク・東京原則アカデミー」の設立や、東京判決七〇周年の記念行事の主催がないのかが問われよう。そうした処置がとられるならば、日本が国際刑事裁判の守護者かつ旗手たる役割を担うというコミットメントは、東京裁判とその遺産を継承しようという立場に根ざしているという、力強いメッセージを国内的にも国際的にも発信することができよう。

3 公判審理で受理された膨大な証拠と証言

なお、ここまでの記述で言及する「個人責任の原則」とは、ニュルンベルク・東京両裁判でただ漠然と提言された空虚な抽象概念ではない。むしろ、指名された個々の被告人が特定の起訴内容について責任を負うことを確立するため、実践的に適用された責任の原則である。くわしくは第一－四章で論じる。

もうひとつ特筆されるのは、ニュルンベルク裁判でも東京裁判でも、裁判所が公平な裁判の原則を保障したことだ。つまり、検察側には「合理的疑いの余地なく」立証する挙証義務が課され、被告側には、優秀な弁護人を多く含む弁護団がつき、反証により起訴内容を争う機会が広く認められた。

検察側と弁護側から裁判所が受理した証拠の内容や分量からも、東京裁判所が公平の原則を重視したことを推し量ることができる。具体的な例をあげると、東京裁判における弁護側は、検察側よりも長い時間を費やして証拠を提出している。公判記録は英文では全部で四万八四一二頁あるが、弁護側の分量は、このうち二万六三四三頁、検察側は二万二九七頁だった。つまり、弁護側は検察側よりも約二割長く法廷時間を費やしたことになる。反証段階では、弁護側の証人の数は全部で三四一人におよんだが、それに対して検察側の証人の数は、その三分の一以下の一〇七名であった。これらの数は、ニュルンベルク裁判のそれを大きく上回るものである（ニュルンベルク裁判では、検察側の証人は六一人、弁護側は三三人）。書証については、東京裁判での弁護側は全部で一三二二通が受理され、検察側は二三八九通であった。

こうして被告人は、弁護する権利を保障され、その権利を実際の法廷で行使したのである。ただし、公判記録をくわしくたどってみると、弁護側は、いわゆる「国家弁護」の路線をとり日本が自衛戦争を遂行したと強く主張する一方、個人責任に関する部分では、検察側の証拠を争わずに終えているところが多くあった。ときには、検察側の証拠を有効と被告人自らが追認することもあった。争われなかった検察側の弁論や証拠は、判事らがそれらの事柄を証明されたとみなせるため、これは弁護側反証の重大な欠点をなしている。

†わたしたちが問うべきこと

いずれにせよ、二年間にわたる公判審理中、検察側と弁護側は膨大な証拠を提出し、それらの証拠は反対尋問等できびしく審査された。一一名の判事たちはそれを受けて、起訴内容について被告人二五名の責任問題を採決することが求められた。

では、東京判決七〇周年を迎えるにあたり、わたしたちがここで問うべきことは何か。それは、判事たちがこれらの膨大な証拠資料をどのように審査し、被告人ひとりひとりに対する最終認定に至ったか、である。また、これら膨大な証拠の集成は、わたしたち東京裁判論者自身のあいだでどれだけ考慮され、あるいは度外視されてきたか、という問いもなされる必要があろう。というのは、判決書で東京裁判所が下したひとつひとつの決定の是非を評価するには、まず法廷でどのような証拠が受理されたのか、わたしたち自身が適切に把握する必要があるからだ。

†多数派判事による責任論と証拠の扱い方

右の観点から、本書の第一章ではまず、起訴状をはじめ法廷で論じられた責任論や事実認定上の問題を概観し、そのうえで多数意見の要点に光をあてる。つづけて第二章から終章までは、パル意見、レーリンク意見、ウェブによる判決書草稿、ウェブによる個別意見をそれぞれ分析する。各章での論述は詳細にわたるが、ここで、証拠の扱いに関してそれぞれの意見にみられる目立った特徴を先に指摘しておく。

まず多数意見に言えるのは、多数派は、二年にわたる公判審理で個々の被告人に対する膨大な証拠を受理していたのにもかかわらず、それをくわしく分析しないまま被告人二五名の有罪を決定している。具体的には、一方では平和に対する罪の訴因について、いわゆる「共同謀議論」を採用し、個人に対する証拠は十分に審理しないまま判決を下す道をえらんだ。その結果、被告人が戦争の計画や遂行に果たした役割をぼやかしてしまっている。他方、通例の戦争犯罪の訴因については、共同謀議論の適用を退けて個人責任の原則を採用した。しかし、責任論の解釈と適用方法が一貫せず、特定の被告人に関連性のある証拠を綿密に分析せずに、判決に行き着いている。詳細は第一章でたどる。

†国家の「主権の行為の原則」に拘泥するパル反対意見

では、一部の裁判論者に模範的な判決ともてはやされているパル意見はどうかというと、そこには、多数意見にないはるかに重大な問題が含まれる。ひとくちにいうと、パルはその意見で、個人責任という法原則を適用することを実質的に拒否し、各被告人の責任に関する証拠の分析は何もしなかった。パルはそのかわり、「主権の行為の原則」に拘泥した。つまり、起訴内容の犯罪がどれほど重大なものであっても、その責任は「国家」という抽象的な実体にのみ帰せられるべきだとし、その「国家」を構成する政府職員はみな全面的に免責できる、という論を展開したのである。そして、東京裁判における被告人を全員無罪と結論した。

しかし、「主権の行為の原則」や政府職員を特別に免責するという概念は、ニュルンベルク裁判所憲章でも東京裁判所憲章でも退けられており、パルは当時そのことを知っていた。もし、パルが主張するように「主権の行為の原則」がまかりとおるとすれば、拷問、強姦、大量殺戮、その他の大規模な残虐行為について、国家指導者に刑事責任を問えず、処罰されないということになろう。

ちなみに、今日の日本も支持するハーグ常設国際刑事裁判所に適用されるローマ規程では、つぎのような条項が含まれ、「主権の行為の原則」は排除されている。

第二七条　この規程は、公的資格に基づくいかなる区別もなく、すべての者についてひとしく適用する。特に、元首、政府の長、政府もしくは議会の一員、選出された代表又は政府職員としての公的資格は、いかなる場合にも個人をこの規程に基づく刑事責任から免れさせるものではなく、また、それ自体が減刑のための理由を構成するものではない。（ローマ規程の和文は外務省ウェブサイトに記載）

†レーリンク神話とレーリンク反対意見の乖離

オランダ代表判事B・V・A・レーリンクも、パルのように裁判論者の一部で英雄視され、ここ数年そのような英雄的扱いが顕著である。近年オーストラリア、カナダ、オランダのプロデューサーと協力して、NHKがテレビのミニシリーズ『東京裁判』を制作し（二〇〇六年一二月放映）、また、レーリンクの伝記等も欧米で出版され、それらのため、レーリンクが優れて誠実かつ廉潔な判事であったというイメージが広まり、パル判事と一緒に正義のために戦った、といった見方も通念となってきた。

実際、レーリンクはパルよりもずっと良質の法学者であった。また、判事としての職務に対する責任をパルより強く認識した人物だった。そして、パルとレーリンクによる反対意見を比べてみると、パルが全員無罪を勧告する一方、レーリンクは五人の被告人以外はみな有罪と判定し、その多くに死刑をすすめている。これらのことから、パルとレーリンクの二者を同等視できないと言える。しかし、レーリンクによる証拠の扱いや法理論にも重大な誤謬が散見される。一例として、あきらかに犯罪を犯した者でも、特定の政府指導者については政治的配慮から一律無答責、という問題多き論を展開している。くわしくは第三章でたどる。

†ウェブ神話をくつがえすウェブ裁判長判決書草稿

ウェブ判事に対する戦後の評価は、パルやレーリンク評と対極にあり、つきあいにくく横柄な判事、と中傷されたり軽視されたりするものである。しかし、第四章でみていくとおり、ウェブは東京裁判所の判事たちのなかでも抜きんでた人材で、質の高い法理学を展開する判決書草稿を著していた。

ウェブによる判決書草稿は、多数意見とも他の個別意見とも違い、受理された証拠を体系的に検討したうえで各被告人に対する起訴内容の是非を決定する、という作業をひたむきにこなしているのが特色である。タイプライターで打ったウェブ判決書草稿は、その分量は全部で六五八頁ある。そのうち約六割の三九五頁は、個々の被告人に対する証拠の分析に費やされている。ここに、ウェブ判事が二五名の被告人ひとりひとりについて、関連性のある証拠を慎重に検討することに専念した様子がうかがわれる。

ちなみに多数意見の分量は、ボイスターとクライヤーによる刊行資料（英文）では全部で五五八頁だが、そのうちたった二九頁しか、個々の被告人に対する証拠の分析には費やされていない(つまり多数意見全体の五%)。パル意見はもっと極端で、個人に対する判決が皆無である。レーリンクはというと、かれが無答責を主張する被告人五名についてはくわしく論じているものの、他の被告人については何ら証拠の分析をしていない。

ウェブ判事による判決書草稿は、オーストラリア戦争記念館に保存されており(AWM 3DRL 2481)、その存在は研究者のあいだで知られていた。しかし、ウェブが短気で気まぐれな裁判官で、法の理解はよくても平均的、といった定評が同僚判事のあいだにあったためか、判決書草稿の内容そのものに関心をはらう研究者は少なかった。しかし、判決書草稿から垣間みられるウェブは、判事としてじつに理知的で能力があった。そして、熟慮され筋道のとおったウェブの判決書草稿は、もし多数派がそれを権威ある「東京判決」として採択していたならば、後世の東京裁判論は、現在わたしたちが知っているものとは大きく異なっていただろう。では、なぜ七名の多数派判事たちは、この判決書草稿を「東京判決」として採択しなかったのか。そして、なぜウェブは、そのかわりに「裁判長による個別意見」という、ごく短い個別意見を提出したのか。これらが、本書の中核となる問いである。

4　本書の視点

本書の著者であるコーエンと戸谷は、共同で東京裁判についての新しい学術書 *The Tokyo War Crimes Tribunal: Law, History, and Jurisprudence*（東京戦犯裁判――法、歴史、法理学）を完成させ、今年二〇一八年一二月、ケンブリッジ大学出版局から刊行される予定だ。この学術書では、東京裁判所憲章、起訴状、四万八四一二頁におよぶ公判記録、書証、多数意見、五つの個別賛意・反対意見、ウェブ判決書草稿といった裁判資料を網羅し、法、歴史、法理学の視点から東京裁判の遺産について包括的な論を提供しようとするものである。

本書『東京裁判「神話」の解体』では、この学術書に基き、東京裁判の遺産で中核にありながら正当に評価されてきていない部分――つまり、国際犯罪に対する個人責任の原則について、東京裁判がもたらした法理学上の貢献――に光を当てる。そして、学術書 *The Tokyo War Crimes Tribunal* では、東京裁判にみられる法的意見を包括的に検討するが、本書ではパル、レーリンク、ウェブのあいだで争われた法理論や事実認定の諸問題に焦点を絞る。

なぜこの三判事に注目するかは、ここまでの論述からだいたいあきらかであろう。従来の東京裁判論では、一方に、パルやレーリンクは国際法の分野で傑出した模範的な判事であったというような通念があり、他方では、ウェブは短気で凡庸な判事といった理解が常識とみなされている。しかし、そのような通念や理解は、三判事の資質を的確に反映せず、むしろ「神話」をなしている。とくにパルやレーリンクは、従来の裁判論で賞賛されることが多かったが、このふたりの判事による反対意見は、じつのところ法理論上も事実認定上も重大な問題をはらんでいる。にもかかわらず、一般に普及しているパルやレーリンクに関する通念は、戦後日本における裁判論に多大な影響を及ぼし、国際刑法において東京裁判がどのような意義があるのかの理解を歪めている。

こうした傾向がつづけば、東京裁判が法理学上もつ貢献を適切に判断することは、日本社会では難しいままとなるだろう。また、今日の日本が目下、国際正義や個人責任の大原則を二一世紀に前進させるため、国際社会で指導的役割を担ってきているのに、これらの原則がニュルンベルク・東京裁判の遺産であるという確固たるコンセンサスがなくしては、日本が将来この分野で国際社会と足並みを揃えていけなくなることもあり得よう。

右のような観点から、東京判決七〇周年を迎える今、東京裁判の内実をもう一度見直す作業があってもよいと思う。本書は、そのような場を提供する一つの試みである。

†史料の邦訳について

本書では、英文の裁判記録を分析し論をすすめているが、東京裁判所憲章、起訴状、公判記録、多数意見から引用するときは、筆者自身が訳すかわりに和文の公判記録『極東国際軍事裁判速記録』（本文中では『速記録』と略称）を利用した。英文と和文の裁判記録のあいだで訳しきれていないところや誤訳があれば、それはそのつど指摘するようにした。

パル反対意見は、完訳が『共同研究　パル判決書』（本文中では『パル判決』と略称）として刊行されているのでそれを利用した（この翻訳には、読みやすくするため原文にない小見出しが多く挿入されている）。レーリンク反対意見とウェブ個別意見は刊行されていないが、東京裁判所の翻訳者たちが訳したとみられる個別意見すべての完訳が、現在国会図書館で保存されデジタル版が公開されているので、それを利用した（国会図書館ウェブサイトで「極東国際軍事裁判所判決［第一冊－第一五冊］」で検索するとアクセス可）。本文中で引用するときは、これら邦訳版の頁数をそれぞれ記す。邦訳版の引用は、新字体と新仮名遣いで統一した。ウェブによる判決書草稿については邦訳がないので、引用するときは著者による訳を提供し、草稿に示された頁数を記す。

ニュルンベルク裁判とニュルンベルク継続裁判に関係する裁判記録については、英文の刊行資料を利用し（*Trial of the Major War Criminals before the International Military Tribunal: Nuremberg, 14 November 1945 - 1 October 1946* と、*Trials of War Criminals before the Nuernberg Military Tribunals Under Control Council Law No. 10, October 1946 - April 1949,* 本文中ではそれぞれ「ＩＭＴ」「ＮＭＴ」）、引用は本書の著者が翻訳する。各公文書館等から取得したその他の英文の文書も著者による邦訳である。

本書で引用する判事らの内部文書は、オーストラリア戦争記念館（「ＡＷＭ」）、オーストラリア公文書館（「ＮＡＡ」）、オランダ外務省の文書館（「ＡＢＺ」）に保存されているものである。本文中の引用では、初出の文書はファイルナンバーを付記する。

第一章
東京法廷における責任論
——起訴状から多数意見まで

重光葵（後列向かって右端）〔アメリカ公文書館FE-238〕

東京裁判において被告人は、「平和に対する罪」――つまり、侵略戦争を計画、準備、開始、あるいは遂行した、もしくは、そういった諸行為のいずれかを達成するための共通の計画または共同謀議に参加したこと――について有罪判決を受けたが、その主な根拠がいわゆる「共同謀議論」だった、という理解が日本社会にはすでに定着している。

この理解は、多数派判事らによる実際の認定に根ざしている。多数意見によると、アジア太平洋地域を日本が軍事的、政治的および経済的に支配を獲得することを目的とした侵略戦争の共同計画または共同謀議が、一九二八年から一九四五年にかけて存在し、被告人のほとんどがその共同計画または共同謀議に関与したため有罪、と認定するに足る証拠があると判断された。この判定に基づき、多数意見の大部分は、共同謀議の歴史を再構築することに費やされた。

この論――つまり、ほとんどすべての被告人を包含するひとつの支配的な共同謀議が存在した――という論は、「東京裁判史観」として知られ、東京裁判批判の焦点となっている。多数意見の共同謀議論をめぐる判定には、実際問題が多かった。しかし、その部分のみに光を当てては、東京裁判の全貌を理解することができない。そもそも検察側は共同謀議だけに依らず、刑法の基本原則である個人責任論に依拠した起訴状を作成し、法廷審理のほとんどは、個人責任の法理論を中心とした立証と反証が展開された。そして、多数派が最終的な判決で共同謀議論を適用したのは平和に対する罪のみであり、通例の戦争犯罪については個人責任論に基づく判定を下していた。

では、検察側と弁護側が法廷で争い多数派が依拠した「個人責任論」とは、具体的にどのようなものだったのか。この問いを基軸にし、本章では起訴状から多数意見に至るまでに展開されたさまざまな責任論をたどってみる。

1 政府指導者責任の原則

先に序章では、ローマ規程に明記されている個人責任の原則を話題にしたが、ローマ規程が締結される五〇年以上前、ニュルンベルク・東京裁判のため準備された「裁判所憲章」にも、それぞれ個人責任の原則が明記されていた。まずニュルンベルク裁判所憲章(一九四五年)をみてみると、つぎの条項をみいだすことができる。

第七条　たとえ国家元首であろうと政府の責任ある「地位の」職員であろうと、被告人の公務上の地位は、其の起訴せられたる犯罪に対する責任を免れしむに足らざるものとす。(IMT第一巻、一二頁)

右の条項では、国家元首を含めた政府指導者や政府を構成する職員は、それを理由に刑事責任から免除されないことが言明されている。

これと同等の原則は、東京裁判所憲章（一九四六年）にも含まれている。

第六条　被告人の責任

何時たるとを問わず被告人が保有せる公務上の地位、若《も》しくは被告人が自己の政府又は上司の命令に従い行助せる事実は、何れも夫《そ》れ自体右被告人をして其の起訴せられたる犯罪に対する責任を免れしむに足らざるものとす。（『速記録』第一〇巻、八一五－六頁）

右の条項では、「たとえ国家元首であろうと」といったくだりが目立って抜けているが、「何時たるとを問わず被告人が保有せる公務上の地位」は免責の理由にならない、と明記してあるので、ここに発せられる個人責任の原則は、ニュルンベルク裁判所憲章のそれと実質的に同じである。

†選ばれた被告人は主に政府高官

右の原則に従い、ニュルンベルク裁判でも東京裁判でも検察側は主に、それぞれ枢軸国の政府機構で権限ある高い地位を占めていた者を被告にえらんだ。例をあげると、東京裁判の場合、被告にはつぎのような元政府指導者が含まれた。

- 大蔵省でキャリアを積んだ星野直樹。満州事変後に大陸へ渡り満州国建設に寄与、その国務院総務長官となり（一九三六－三九年）、帰国してからは、第二次近衛内閣（一九四〇－四一年）の企画院総裁、東条内閣（一九四一－四四年）の書記官長を歴任。
- 大蔵省でキャリアを積んだ賀屋興宣《かやおきのり》。第一次近衛内閣（一九三七－三九年）に大蔵大臣に任命され、さらに東条内閣にも大蔵大臣として入閣（一九四一－四四年）。
- 外務省でキャリアを積んだ広田弘毅《こうき》。満州事変後に外務大臣（一九三三－三六年）、そしてのちに内閣総理大臣（一九三六－三七年）を歴任。重臣。
- 平沼騏一郎《きいちろう》男爵。枢密院副議長（一九二六－三六年）、枢密院議長（一九三六－三九年）、内閣総理大臣（一九三九年）を歴任。重臣。
- 木戸幸一侯爵。文部大臣（一九三七－三八年）、厚生大臣（一九三八年）、内務大臣（一九三九年）、内大臣（一九四〇－四五年）を歴任。太平洋戦争勃発以前から終戦まで天皇側近主要補弼《ほひつ》者。

東京裁判における被告人グループには、旧軍人もだいぶ含まれた。しかし、かれらの占めた地位は軍隊組織内に限られず、中央政府にて行政上の地位（陸軍省や海軍省を含む）を占めていた場合が少なくない。たとえば、軍人関係の被告人にはつぎのような人物がみられる。

- 満州事変を計画し遂行した板垣征四郎《せいしろう》陸軍大将。その当時関東軍の高級参謀だったが、のちに中央政府にて陸軍大臣に任命（一九三八－三九年）。
- 小磯国昭陸軍大将。太平洋戦争末期に内閣総理大臣（一九四四－四五年）。
- 東条英機陸軍大将。太平洋戦争前夜からサイパン失陥まで首相、陸相等を兼任。
- 武藤章《あきら》陸軍中将。日中戦争が勃発してから松井石根《いわね》陸軍大将の指揮する中支那方面軍の参謀副長（一九三七－三八年）。太平洋戦争末期にフィリピンに送られて山下奉文《ともゆき》将軍の指揮する第一四方面軍参謀長（一九四四－四五年）。日中戦争から太平洋戦争初期にかけて陸軍省の軍務局長（一九三八－四二年）。
- 岡敬純《おかたかずみ》海軍中将。太平洋戦争期をつうじて海軍省の軍務局長（一九四〇－四四年）そして海軍次官（一九四四年）。

右の事例から、東京裁判の国際検察局が陸海軍の司令官等だけではなく、中央政府にて国策の形成や決定に関わる重職を占めていた人物に重きを置いたことがよみとれよう。

†裕仁天皇の不起訴とその波紋

ただし周知のとおり、国際検察局は裕仁天皇（一九〇一‐八九年）を異例扱いし、裁判所憲章に明記された個人責任の原則にかかわらず、被告人としても証人としても指名しなかった。これは東京裁判におけるひとつの目立った逆説である。

一九二六年に天皇位について以来、裕仁天皇は大日本帝国憲法（以下「明治憲法」、一八八九‐一九四七年）に定められたとおり、「国の元首にして統治権を総攬し此の憲法の条規に依り之を行う」（第四条）という幅広い国家権力と権限を有した。さらに同憲法により、「陸海軍を統帥」（第一一条）し、「戦を宣し和を講し及諸般の条約を締結す」（第一三条）とも定められ、裕仁天皇は日本陸海軍の最高位の軍司令官・大元帥としての権限も有した。けれども、検察局は裕仁天皇を被告グループに加えなかった。なぜか。

直接の理由は、東京裁判開始以前に連合国が新しく設立していた「極東委員会」にて、一九四六年四月三日に決められたある政策決定に求められる。それによると、「米国政府から［連合国］最高司令官に発せられる指令は、直接の授権なしには、天皇を戦争犯罪人として起訴から除外する、と表現されるとの理解を以って」、対日戦犯裁判に関する政策を承認するとのことだった（*Foreign Relations of the United States*, 1946, vol. VIII, p.428）。これ以前、連合国諸国とくにイギリスとアメリカ対オーストラリアで、天皇を裁判にかけるかけないで意見が対立していたが、以後、極東委員会がこの問題をとりあげることはなかった。

右の政策決定は、連合国が正義の実現や責任究明をどれほど重視しているかについて、矛盾したメッセージを発する結果となり、今でも、連合国が裕仁天皇を裁判にかけるべきだったかどうかは論争の的となりつづけている。

2　いろいろな責任論――共同謀議論と個人責任の原則

つぎに、裁判所憲章に明記された個人責任の原則が、「責任論」として具体的にどう適用されたかを追ってみる。そのためにはまず、起訴状に目を転じる必要がある。

東京裁判の基本文書のひとつである起訴状は、英文のものは行間をつめてタイプライターで作成された四六頁の文書である。それは、序文、簡潔に陳述された五五件の訴因、そして、五つの付属書からなる。この起訴状には、大きく分けて二種類の責任論が提示されている。

ひとつは共同謀議論で、ニュルンベルク・東京両裁判所憲章によって適用可とされていた。関連条項によると、裁判所の管轄にある犯罪の計画を立案あるいは実行に参加した「指導者、組織者、教唆者《きょうさ》及び共犯者」は、その犯罪の遂行に対して責任が問えるという(『速記録』第一〇巻、八一五頁)。この責任論は、起訴状に含まれる五五の訴因のうち九件のみに適用された。

残りの訴因には、共同謀議論とは区別される個人責任論が適用された。検察側が起訴状で説明するところによると、①各被告人は、「その占むる地位よりする権力、威信及び個人的勢力を利用し」て犯罪行為を促進あるいは遂行した場合に責任が問われ、また、②被告人が「閣員たりし諸内閣及び彼が支配的地位を有せし」場合は、ただその事実だけで配下の政府機関や組織の敢行した犯罪に責任を問われるともいう(『速記録』第一〇巻、八三二頁)。つまり、検察側の適用しようとする個人責任論はさらに細分化され、二種類あったとみることができる。ひとつは、被告人は、占める地位や個人的カリスマ等から権力や威信や勢力を有したこと、そして、そのような権力や威信や勢力を行使したこと、という、主に二点について立証を必要とするものだった。もうひとつの個人責任論では、その類の立証は必ずしも必要としない。そのかわり、被告人が閣僚のような政府の指導的地位にあった、という証拠のみで有罪認定に足りうるものと理解できる。

ただし、法廷審理中の検察側は、前者の個人責任論を前提とした挙証努力に集中した。つまり、被告人はそれぞれ戦時中占めていた地位から、どのような権力や威信を得ており、それらの権力や威信をどのように行使したかを立証の対象にしている。そして、たんに閣僚の地位にあったという理由だけで被告人を有罪にもっていこうとはしなかった。そのような責任論には無理があると認識したからであろう。

†日本政府組織に関する検察側の立証

法廷における検察側の立証は、まず天皇制を中心とした日本政府が、明治維新以来どのように組織・運営されたかをたどることにはじまっている。これは右の個人責任論を意識したからと考えられる。つまり、被告人が具体的にどのような地位を占め、どのような権力や威信を有し、その権力や威信をどう行使したのかをあきらかにするためには、そもそも日本国家の組織体制がわかっていないと判断しかねるわけだから、まずこの問題に対処しようとしたとみられる。

そこで検察側は、明治憲法や関係する勅令その他法令に言及しつつ、日本政府機構を列挙し、また、それぞれの政府機構がどのような機能をもったか、主な特色を紹介した。ここでの検察側の立証は長く複雑なものだが、そこから日本政府の組織的特徴としてつぎの三点が浮かび上がっている。

- 日本の法律によって規定される正規の政府組織の存在。それは、主権者たる天皇と広範囲にわたる種々の天皇補弼機関からなり、後者には宮内省、帝国議会、国務大臣、枢密院のほか、軍事関係では陸海軍首脳が含まれる。
- 日本の法律では明示的には認められていないものの、慣例上発達した非公式の政府機関の存在。代表例に、侍従武官、元老、重臣などがあげられる。非公式の政府機関は、それらを占める者が、地位、称号、あるいは皇族、といった理由から、正規の政府組織に多大な影響力を行使したとされた。
- 正規の政府組織の上部構造であって、検察側が「連絡組織」と呼称する政府機構の存在。連絡組織は、戦争の緊急事態に対応するため一九三〇年代から一九四〇年代にかけて発達した。これは、日本の成文法に規定されない慣例上の政府機構であったが、正規の政府組織を超越して国策決定した。この三種目の政府機構は、戦時中「四相会議」、「五相会議」、「大本営政府連絡会議」、「御前《ごぜん》会議」、「最高戦争指導会議」、「大本営会議」とさまざまな形をとった。この種の超法規的組織に参加した者は、内閣、枢密院、陸海軍首脳といった、正規の政府組織に公的な地位を同時に占めた。連絡機構の主要な参加者は、内閣総理大臣、外務大臣、陸軍大臣、海軍大臣、大蔵大臣、枢密院議長、参謀本部総長、参謀本部次長、軍令部総長、軍令部次長、そしてそれぞれの部下があげられ、御前会議の場合には天皇が列席した。

さらに検察側の立証から、これら三つの機構上の特色――正規の政府組織、非公式の政府機関、そして政府組織の上部構造――は、年月を経て複雑な政府組織と仕組みを形づくるようになり、つまりは、国家権力、権限、威信および個人的勢力を複雑に分配する政府組織を形づくっていた、ということがよみとれる。

†弁護側も認める日本政府組織の主な特色

右のような検察側の立証に対して、弁護側はどのように答えただろうか。法廷記録をみてみると、弁護側は個々の被告人がどのような権力、義務、責任などを有したかの解釈をめぐって多くの点を検察側と争ったが、日本政府の機構上の特色については、検察側の立証を適切と認めた内容となっている。とくに弁護側は、検察側の指摘した日本政府の組織と運営について、つぎに集約されるような四つを全面的に事実と認めている。

- 天皇大権が不可侵の大原則であること
- 正規の政府組織は、天皇大権を行使するうえで不可欠であること
- 非公式の補弼機関は、正規の政府組織が機能するうえで不可欠であること
- 戦時中に設立された連絡組織も重要であり、正規の政府組織を超越して国策決定する上部構造をなしたこと

日本政府の組織と仕組みについて、検察側と被告側に右のような合意があったのは重要である。というのは、争点とならなかった事柄は、証明された事実と裁判所がみなすことができ、判事らは個々の被告人の責任をあきらかにしていくための基準を比較的容易に決定することができるからだ。

とはいえ、本章の第5－6節と、第二－四章であきらかになるとおり、多数意見、パル意見、レーリンク意見は、これらの事実を証拠として十分活用せず、ウェブ裁判長の判決書草稿だけが例外だった。

†戦争犯罪に適用する作為・不作為責任

起訴状には、いわゆる「通例の戦争犯罪」（以下「戦争犯罪」）の訴因に適用される個人責任についてさらなる論が展開されているので、その部分をしばし追ってみよう。

起訴状には、捕虜虐待や占領地市民に対する残虐行為といった、戦争犯罪に関する訴因が主にふたつあるが、そこには対照的な責任論が適用されている。一つ目は、訴因第五四に表現されるものである。そこでは、被告人が占領地域や日本国内のさまざまな軍組織、捕虜・抑留民収容所、軍民警察隊などに対して、戦争犯罪を実行することを「命令し授権し且《かつ》許可し」たとされる。この訴因に含まれる「許可」という用語は、法的曖昧さがあり問題なのだが、「命令し授権し」というくだりから、原則的には作為責任を問うているとみられる。

これに対して二つ目は、訴因第五五に表現される。そこでは、被告人に有責の義務不履行、つまり不作為責任を問う。当該部分によると、被告人は「此等諸国の数万の俘虜及び一般人に関し上記条約及び誓約並《ならび》に戦争の法規慣例の遵守を確保する責任を有する「各官職」」にもかかわらず、その遵守を確保するために「適当なる手段を執る可《べ》き法律上の義務を故意又は不注意に無視」したという（『速記録』第一〇巻、八二二頁）。この訴因では、被告人が占めていた地位を「各官職」（their respective offices）と表現し、軍司令官のみならず、政府高官など権限を有する地位を占めた人物に対して、広く不作為責任を問おうとしていることがうかがわれる（ただし、和文の起訴状には「各官職」ということばが訳しきれておらず欠落）。なお、同時代に進行していたニュルンベルク裁判とニュルンベルク継続裁判でも、政府高官の不作為責任が追及されており（第三章で論述）、東京裁判はこの点異例ではなかった。しかし、訴因第五五の正当性をパル判事が争っており、この問題は第二章でたどる。

†政府高官に責任を問う法的根拠

それにしても、中央政府の高官のように軍の指揮系統に属さぬものは、そもそもどうやって作為、あるいは不作為責任の論理で、追及されうるのだろうか。検察側は、起訴状を作成した時点でこの問いに答え、政府高官に個人責任を問える法的根拠を列挙している。

そのひとつは、日本政府も批准していた一九〇七年のハーグ条約（「「ヘーグ」に於て締結せられたる陸戦の法規慣例に関する第四条約」）だ。そこには、つぎのような条項が含まれ、検察側はそれを起訴状に引用している。

第一款第四条　俘虜《ふりよ》は敵の政府の権内に属し之を捕えたる個人又は部隊の権内に属することなし（『速記録』第一〇巻、八三〇頁、傍点は加筆）

ここで注目されるのは、ハーグ条約が捕虜を保護する第一の責任を、軍隊や軍司令官等に認めるのではなく、むしろ捕虜をその権限内におく「政府」としている。同様の原則は、一九二九年の傷病者の取り扱いに関するジュネーヴ条約にもみられ、検察側はこれも起訴状に引用した。

言うまでもなく、国際条約や協定を締結・批准し、その当事者となるのは「国家」である。その「国家」とは、政府機構のさまざまな地位を占める個人によって構成され、そのなかでも、権限ある地位を占める者が国家権力を行使することによって、はじめて国家が国際社会に対して負う義務履行を確保する。法廷記録からよみとれるのは、検察側はこうした論理から、軍司令官のみならず政府指導者個人にも、戦争法規慣例遵守を確保する義務が課され、その義務を履行する責任が生じるとし、このような法解釈を中核とし、日本の政府高官に戦争責任について個人責任を問うた。とくに、ハーグ条約とジュネーヴ条約を根拠に、捕虜虐待や占領地市民に対する残虐行為の恒常化について効果的な処置を講じなかった場合、日本政府指導者に不作為責任が問える、との立場をとった。

弁護側は、検察側の右のような論にどう答えただろうか。法廷記録からわかるのは、平和に対する罪については、弁護側は事後法を理由に起訴内容の正当性を争ったが（後述）、戦争犯罪は事後法が適用されないことを認め、基本的に個人に対する刑事責任の追及が妥当との立場をとった。しかし弁護側は、検察側によるハーグ条約等の法解釈を争った。各戦線の軍司令官や陸海軍省の高官はともかく、軍隊に所属しない政府高官には、戦争法規遵守を確保する義務は国内法で規定されていない限り有しない、と主張したのである。双方の争点は、本章の第4節で旧外相重光葵《しげみつまもる》を事例にみてみる。

3　法廷における戦争犯罪の追及

ここまで、起訴状に展開される個人責任論をたどってみた。では、検察側は具体的にどのような戦争犯罪事件について、被告人の責任を追及しようとしたか。

この問いに対する一つの答えは、起訴状に付随する付属書Dに提供されている。このなかに、戦争犯罪に関する「違反行為の細目」が示されているが、ここでは、起訴状に包含される時期（つまり一九三一年から一九四五年まで）、戦闘行為中あるいは占領地域にて、恒常的に発生したとされる一五種の戦争犯罪が示されている。

たとえば、このリストでは「残酷なる待遇」（inhuman treatment）という大きな範疇が、一般化した犯罪行為の種類の一つとして示されている。そこには、抑留市民や捕虜に対する殺害、殴打、拷問、凌辱が、「残酷なる待遇」という範疇に入る行為として記されている（『速記録』第一〇巻、八三〇頁）。また、占領地域の住民に対する殺人、拷問、凌辱といった行為にくわえ、「強制移送」（deportation）や「隷属化」（enslavement）も、頻発した戦争犯罪のもうひとつの範疇に記されている（『速記録』第一〇巻、八三一頁）。その他には、捕虜虐待や傷病者に対する残虐行為などが列挙されたが、全部で四六頁からなる起訴状のうち、この細目リストは四頁にも至らない短いものであった。

これに対して、ニュルンベルク裁判でも検察局は、違反行為の細目リストを作成し起訴状に添付したが、そこでは頻発した戦争犯罪の種類ではなくて、具体的な戦争犯罪の事件を列挙している。その結果、細目リストの分量は東京裁判の起訴状に含まれるものより格段に多く、英文で七九〇〇ワード、和訳すれば一万九五〇〇字前後の長さになるだろうと推測される（IMT、第一巻、四二－六五頁）。この犯罪細目には、それぞれの犯罪行為についての短い叙述、発生した犯罪事件の具体的な日時、場所、犯罪の種類、犠牲者の数をリスト化したものなどが含まれ、場合によっては表や統計的データが挿入されている。東京裁判の起訴状には、特定の犯罪事件に関する詳細な叙述も統計的データもみいだされない。なぜ、ニュルンベルク裁判と東京裁判には、起訴状に戦争犯罪の細目を示すとき、このような違いがあるのだろうか。

†証拠収集——ヨーロッパ戦線と極東との違い

答えは、裁判がはじまるまえに実施された戦犯捜査の諸問題に求められる。

ヨーロッパ戦線では、連合国はノルマンディー上陸以後、反攻に伴い戦争犯罪に関するドイツ当局の文書を大量に押収していった。これに対してアジア太平洋地域では、一九四五年八月一四日のポツダム宣言受諾から同年九月二日の降伏文書調印までの約二週間、日本政府や軍当局は所持する文書を大量に焼却し、その後の連合国による戦争犯罪捜査に困難を及ぼした。焼却された文書には、戦争犯罪の実行を命令あるいは授権する証拠が含まれていたと推定される（第四章参照）。また、捕虜虐殺などの物的証拠を隠し、部隊内で事件状況について虚偽の話をつくりあげる処置にでる軍部隊も、アジア太平洋各地にあった。

とはいえ、文書の焼却は大がかりではあったものの、焼却をまぬかれた文書もあった。戦後だいぶあとになって発掘された、戦争犯罪に関係する軍や政府の資料もある。しかし、東京裁判の国際検察局には、残存する文書を調べ確保するための時間も人材も不足した。しかも国際検察局は、「平和に対する罪」に関する証拠集めがその主たる任務だと理解していたため、戦争犯罪に関する捜査が大幅におくれ、証拠が少しずつ各地から集まりはじめたのは開廷前後以降だった。

一九四六年半ばと年末に展開された戦争犯罪の立証段階までに、国際検察局がなんとか集めた戦争犯罪に関する証拠は、つぎのように種別できる。

- 連合国が、アジア太平洋各地で同時期に実施していた戦争犯罪捜査や戦犯裁判(いわゆるBC級戦犯裁判)の記録文書と若干の証人
- 戦時中日本の管理下にあった連合軍捕虜や市民が虐待されていることについて、苦情が連合国から日本政府に伝達され、また日本政府から回答があったことを記録する連合国政府の外交文書
- 戦後まもなく連合国当局が被告人などに対して実施した尋問の記録
- 日本の捕虜管理組織とその運営に関する日本陸軍省の若干の記録

検察局の集めた証拠に目立って欠けているのは、ニュルンベルク裁判の場合のような、被告人による犯罪命令を具体的に記録する文書であった。ただし、そのような証拠を確保できたニュルンベルク裁判は、歴史的にみてむしろ例外であった。今日の日本政府が支援し

てきた旧ユーゴ法廷やカンボジア特別法廷でも、犯罪命令の具体的な文書証拠が提出されることはまれである。

しかも虐殺を命令する者は、婉曲《えんきょく》表現を使うことが少なくない。そうした表現を含む証拠を刑事裁判でどのように使うかも難しい問題である。ナチス・ドイツ指導者でさえ、一九四二年一月にヨーロッパのユダヤ人抹殺を協議した「ヴァンゼー会議」で、婉曲表現に終始したという。この例からも、戦争犯罪や人道に対する罪を刑事裁判で追及することは、検察側にとって一筋縄では行かないことが察せられよう。

†「犯罪の証拠」と「連鎖証拠」

国際検察局が確保した証拠の種類は右に示したとおりだが、そのほとんどは、「犯罪の証拠」(crime-base evidence)とみなされる証拠であった。「犯罪の証拠」とは、さまざまな戦争犯罪事件が起こったことを記録しているうえでは証拠として足るものの、特定の被告人をそれら多くの戦争犯罪事件にむすびつけるには至らない。東京裁判の検察側は、このような「犯罪の証拠」を利用することによって、起訴状に列記した類の戦争犯罪が広域で多発したことを裏づけ、そうした証拠から、判事たちが「命令」「授権」「許可」(訴因第五四)、あるいは有責の不履行(訴因第五五)を推論することをめざす――これを主な立証戦略とした。

ただし、検察側は「犯罪の証拠」以外の証拠も提出している。それは、若干の「連鎖証拠」(linkage evidence)とよばれるものである。「連鎖証拠」とは、被告人が犯罪事件で作為あるいは不作為の理由でつながることを裏づけるような、より直接的な証拠を指し示す。たとえば東条被告の場合、戦争遂行のために泰緬《たいめん》鉄道を建設するべく捕虜労働を使うよう指示した個人責任を自らの証言で何度も認め、また鉄道建設地域で捕虜の処遇が悪かったことを知っていたと認めた。このような証拠は、この戦争犯罪事件について東条を作為・不作為責任につき有罪とするに足る「連鎖証拠」とみなすことができる。

「連鎖証拠」のもう一つの例として、検察側が提出した連合国―日本間の外交文書があげられる。そのなかには、連合国の捕虜や抑留市民が虐待されているという抗議や「問い合わせ通知」(inquiry notice)を、日本政府が何度も受けていたことがあきらかにされ、広田弘毅、東郷茂徳《しげのり》、重光葵(いずれも被告人)といった歴代の外務大臣の名前が、この通知の受け手として外交文書に明記されている。さらに、連合国からの苦情が外務省のみならず、陸軍省、海軍省、内務省などの多くの政府機関に回覧され、回答を準備するため外務省から協力を求められ、省内で議論されたり、関連部隊に捜査を実施させたとの証言が、検察側と弁護側の証人両方から提供された。

右のような文書と口頭の証拠は、「連鎖証拠」として重要な意味をもち、外交文書に名前が明記される広田、東郷、重光だけではなく、名前が明記されずとも、各省で捕虜虐待の情報を受けた機関で高位を占めた被告人で、捕虜行政を管轄とした人物――たとえば、嶋田繁太郎《しげたろう》（海軍大臣）、岡敬純（海軍省軍務局長）、武藤章と佐藤賢了《けんりょう》（陸軍省軍務局長）など――にも、刑事責任を問う有用な証拠となりえた。

†弁護側の主張――犯罪発生は認めるが被告人の個人責任を否定

弁護側はその反証段階で、通例の戦争犯罪に関する検察側の証拠にどう答えたのだろうか。法廷記録からわかるのは、一方で弁護側は、検察側の提出した「犯罪の証拠」を争うことがほとんどなく、また、検察側の提出した若干の「連鎖証拠」についても、たとえば、東条被告が泰緬鉄道の捕虜労働使役に責任があることや、連合国からの苦情が外務省、陸軍省、海軍省を含め政府内で広く流通したことも、事実と認めた。つまり、検察側の立証戦略で根幹となるふたつの柱を認めたことになる。

しかし弁護側は、戦争犯罪が広域にわたり頻発したことを事実と認めつつ、法廷審理中、日本軍の将兵や官憲が各地で犯した犯罪が相互に類似し、その類似性から高次レベルの国家政策が類推できるという検察側主張を退けた。弁護側によると、そのような類似性がかりにもみいだせるとすれば、それは日本人の文化や行動規範で説明しうるのであり、国策から結果したとは決めつけられないという。このような日本文化論による反駁は、パル意見でも展開されている。それは後述する（第二章）。

他方、各被告人が戦争犯罪の作為あるいは不作為責任を問われる、という個別の起訴内容については、弁護側は争った。弁護側はとくに、被告人の戦時中の同僚や部下を数多く証人台におよび、主につぎのような点を裏書きする証言を求めた。

- 申し立てられた戦争犯罪事件がたとえ発生していたとしても、被告人は個人的にそれを全然知らず、抗議も通知も受けていなかった
- 公判中記録された戦争犯罪事件のうちいくつかは、被告人はそれらが発生したことを知っていたが、捕虜に関する戦争法規慣例を日本軍将兵が遵守することを確保する、という特定の法的義務を、被告人は国内法上負っていなかった
- 被告人は、犯罪発生を知っていたし、その問題に対処する何らかの義務も国内法の規定上有しており、実際その法的義務を履行した
- 被告人は、犯罪発生に関する認知も法的義務も有していたが、不利な戦況のため、その法的義務を履行する能力を事実上なくしていた

右のような反論は、証言台に立った被告人自身によっても提供された（ただし、被告人二五名のうち一〇名は法廷証言を辞退）。

こうして弁護側は、通例の戦争犯罪について個人責任の原則を認め、その点で検察側と立場を共有した。法廷で争ったのは、あくまで各被告人の有した①認識、②義務、③権限、④行為、といった事実関係と、その法的意味であった。

4 戦争犯罪の事例——重光葵

それでは、検察側と弁護側とのあいだの争点を、事例をとりあげつつ、もう少したどってみよう。ここでは、旧外務大臣重光葵の例をみてみる。

重光は、一九三〇年代から終戦近くまで、外務省高官や各国の大使といったさまざまな外務関係の地位を占めた。一九四三年四月から東条内閣にて外務大臣の任に就き、一九四四年七月に東条内閣が総辞職すると、それにかわる小磯内閣に留任した。一年後の一九四五年四月に小磯内閣が退陣するとき、重光も外務大臣職から退いた。終戦後に組閣された東久邇《ひがしくに》内閣でふたたび外相に就任している。

検察側の証拠によりあきらかにされた重光に関する諸事実は、つぎのとおりである。

- 外務大臣を二年間つとめたとき、戦線や占領地各地で日本軍将兵や官憲が連合国市民——とくに捕虜や抑留民——に対して犯した虐待に関する多くの苦情や問い合わせ通知を、重光は利益代表国をつうじて連合国政府から受けていた。
- 重光は、そうした情報を日本の軍当局や、その他の関係省に伝達した
- 軍当局から受けた情報をもとにして、重光は回答を準備し利益代表国に伝達した
- 重光の回答は、連合国が例示した日本軍将兵や官憲による捕虜や抑留民虐待事件を一切否定した

右の点は弁護側に争われることなく、むしろ事実と認められた。しかし、これらの事実から重光に刑事責任は問われないとした。弁護側の主張は主に、重光は外務大臣としてやらなければならないことはやった、である。つまり、利益代表国をつうじて受領された諸外国の政府からの情報を関係各局に伝達し、そして、関係各局から受けた情報をもとに日本政府の公式回答を準備し、利益代表国をつうじて反答する——これらの義務を全うした以上、重光に責任は問えない、これが弁護側の立場だった。

†重光の旧部下鈴木九萬の証言

さらに弁護側は、重光は外相としての法的義務を全うしたのみならず、その義務を誠実に全うした、と判事たちに印象づけようとした模様である。というのは、再反駁の段階中の一九四八年二月一〇日、弁護側は重光のかつての直属の部下だった鈴木九萬《ただかつ》による宣誓供述書をあらためて提出し、さらに、鈴木本人を証人として召喚し、重光の行為について新事実を証言させたからである。この人物は、検察側による戦争犯罪の立証段階で重要証人としてすでに証言しており、検察側、弁護側、そして裁判所から信憑性の高い証人と認められたとみられる。

この証人によると、捕虜問題は外務省の管轄外であったが、重光外務大臣は諸外国からの苦情をたいへん憂慮したという。そこで、鈴木に命じて「権限諸官庁」に圧力をかけさせ、重光自身も陸軍大臣に何度も直接かけあったという。また、部下に対して、陸軍省とは別に、外務省の情報網を使って実情を確かめさせたとのことだった。さらにあるとき重光は、「国際法規慣例委員会」なるものを内閣機構として新しく設置しようとした。しかし鈴木によると、捕虜問題は陸軍の管轄と理解していたことから、この案はあきらめたという。それでも一九四四年一〇月、とうとう重光は「最高戦争指導会議」に捕虜問題をも

重光による鈴木九萬証人のスケッチ
（フーバー図書館・文書館　Shigemitsu Mamoru Sketch books, Collection Number 2017C53）

ちかけ、その結果、捕虜の処遇に若干の改善がみられたとのことであった（『速記録』第八巻、五九七－八頁）。

最高戦争指導会議とは、日本政府の上部構造として戦争中に発展した「連絡組織」のひとつで、小磯内閣期に実質的な最高国策決定機関として機能したと、検察側も弁護側も認めていた。その点で、この証拠は被告人に有利となる可能性を秘めていた。

しかし、検察側による反対尋問のとき、重光にとってむしろ不利となりうる別の証言を鈴木は提供している。それは、重光が捕虜問題を閣議にもちかけたかどうかという検察側からの質問に対して、「重光大臣自身にから閣議に出されたことはないと思います」という回答だった（『速記録』第八巻、六一七頁）。

これらの証言はどう評価されるべきだろうか。

答えは、東京裁判所がどのような責任の基準を適用したかによって異なってくる。もし、重光は外務大臣としての権限内でできることをすべてやらなければならない、というのが裁判所の適用する基準ならば、鈴木の証言は重光にとって有利になったとみることができる。しかし、もし裁判所の基準が、国家指導者の一員たる重光は、虐待を終えさせるための効果的な処置をとらなければならない、といったものとすれば、鈴木の証言では不十分とみられる可能性が高い。なぜなら、たとえ最高戦争指導会議に働きかけ若干の改善をもたらすことができたとしても、さらなる抗議や問い合わせ通知を小磯内閣が退陣するまで重光は受けつづけ、その結果、自分のとった処置では効果がなく、捕虜虐待が広域にわたり頻発していると知っていたはずとみなされ得た。そして、重光によってさらなる措置がなされるべきだった、とみることは可能であった。

なお重光自身は、鈴木の証言は不利だったとの見解だった。鈴木が証言したその日、重光は獄中日記に「本日は法廷開始以来の黒星であった」とコメントしている（重光『巣鴨日記』三四三頁）。

5　多数意見――平和に対する罪

ここまで、検察側と弁護側の責任論を素描してみた。つぎに、これらの責任論や法廷で提出された証拠をもとに、多数派判事らが、平和に対する罪と戦争犯罪の訴因に適用できる責任論がどのようなものであるとの結論に至ったか、概観してみる。

しかし、そのまえにまず、平和に対する罪は事後法でこの種の新しい種類の国際犯罪にはそもそも個人責任が問えない、と弁護側が主張していた事実と、多数派がその主張に対して法的見解を示した事実に言及する必要がある。

東京裁判の弁護側とほぼ同様の事後法論は、ニュルンベルクの弁護側によってなされていた。しかし、一九四六年一〇月に下した判決でニュルンベルク裁判所は、主に一九二八年の不戦条約（あるいは「パリ条約」「ケロッグ＝ブリアン条約」としても知られる）を根拠にその主張の正当性を退けた。ただし問題の法的重要性を踏まえ、裁判所の見解を判決にくわしく記述していた。

ニュルンベルク裁判所による右の判決を受け、一九四八年一一月、東京裁判所の多数派判事らは弁護側に最終回答を提示した。それは、ニュルンベルク判決を権威あるものとみなし、その判定に全面的に賛意をあらわす、であった。そして多数派は、自らの言葉でニュルンベルク裁判所の意見を表現し直すかわり、ニュルンベルク判決から主な部分をそっくりそのまま引用する、という処置にでている。つまり、ニュルンベルクと文字通り全く同意見であることの立場をあきらかにしたのである。

右のような処置は、どう評価されるべきか。

ニュルンベルク・東京両裁判所の行き着いた結論に対しては、当時から賛否両論があった。国際法の分野における主要な法学者のあいだでも、「平和に対する罪」という類型の犯罪が国際法上認められるのかどうか意見は分かれ、今日に至っても、ニュルンベルク・東京判決に示された意見の妥当性は争点となりつづけている。このような論争下、ニュルンベルク裁判所や東京裁判所に求められたのは、裁判所の管轄についての自らの判定に対して、筋のとおった説明を提供することであった。ニュルンベルク裁判所はそれを提供した。そして、東京裁判所の多数派も、かれらが正当で権威あるとみなした裁判所の理由と結論に従うという、法理学の分野で伝統的に認められた手法により、裁判所に課せられた説明の任務を履行した。

平和に対する罪が事後法だったのかどうか、そして、ニュルンベルク・東京裁判所の判定が妥当だったのかどうかについて、今後も論争が終結することはないだろう。しかし、ニュルンベルク・東京両裁判所が、それぞれの結論に対する論理的な説明をしたという事実については、コンセンサスがあってよい。そして、本書でパル、レーリンク、ウェブらの意見を分析するときにも、最終的にそれぞれが行き着いた結論がなんであったかではなく、そこに行き着くまでの論がどのようなものであったかに光をあてることを重視する（くわしくは第二－四章）。

†個人責任論より共同謀議論を好む多数派

右のような処置のあと、多数派は平和に対する罪について個人に刑事責任が問えるとの理解のうえで、事実認定と個人に対する判決を下す。

すでにみてきたとおり、検察側は大きく分けて二つの責任論――共同謀議論と個人責任論――を適用して、被告に責任追及しようとしたが、その最終判決で多数派は、共同謀議論を重視した。責任論としての共同謀議論とは、今日の国際刑法にみられる「共同犯罪集団」（joint criminal enterprise）と同じように、検察官が愛用する道具である。なぜかというと、さまざまな組織的状況のなかで長年にわたって起きた決定や事件の複雑な絡み合いで、異なる役割を果たした無数の被告人を扱う場合、共同謀議論はその立証を非常に楽にするからである。東京裁判の多数派も、共同謀議論が気に入ったとみられ、平和に対する罪に関連する起訴内容については、主にそれを法的道具として採用した。その結果、各被告人が侵略戦争の計画、準備、開始あるいは実行について、具体的にどう貢献をしたのか証拠を徹底的に分析しようとしなかった。そして、不確定な理由づけにより、被告中二名を除いた全員に有罪宣告している。

さらに多数意見で問題なのは、平和に対する罪に関する訴因のうち訴因第一に示された戦争史——一九二八年から一九四五年にかけて、アジア太平洋地域を日本が軍事的、政治的および経済的に支配を獲得することを目的とした、ひとつの支配的な共同謀議が存在した——を再構築することに熱中し、たとえそのような戦争史の妥当性に疑問を投げかける証拠が法廷審理中多く受理されていようとも、この種の「共同謀議」の話を史実として打ち立てることにこだわった。この戦争史では、各被告人が刑事責任を問われるような行為を具体的にいつどこでとったのかが明確にされず、そのかわり、「共同謀議」の実現のため「軍部」が次第に国家の支配権を掌握していった、というような話に終始している。多数派は、このような戦争史を構築したあとで各被告人に対する判決を下しているが、個人に対する判決の裏づけがとぼしく、多くの問題を残している。

ふりかえってみると、右のような論をすすめるかわり多数派がやればよかったのは、ニュルンベルク判決を模範にした判決書を著すことだった。つまり、共同謀議論を実質的に却下し、そのかわりに個人責任の原則に立脚して、各被告人に対して受理された証拠を徹底的に審査し判決に至ることであった。しかし、多数派はそれをやらなかった。個別意見を著した他の判事たちも同様である。唯一の例外は、ウェブ裁判長の著した判決書草稿だった。

6 多数意見――通例の戦争犯罪

つぎに、戦争犯罪が多数意見でどのように取り扱われたかを概観する。

多数派はまず、政府を構成する者に個人責任の原則が適用されるという立場をとり、ニュルンベルク裁判所に賛意を表している。多数意見によると、国際法における責任とは、「国家」という抽象概念に存するのではなく、国家を統制する個人に帰するとする。そして、ハーグ条約やジュネーヴ条約に暗に言及しつつ、「捕虜に対する義務は、政治上の抽象的な存在に課せられた無意味な義務ではない」のであり、むしろ「それは特定の義務」だという（『速記録』第一〇巻、五九一頁）。

つづけて多数意見では、政府を構成する者のうち誰が裁きの対象となるべきかを考察する。ここでは、捕虜や抑留民に適切な処置をほどこす責務を負う者として、つぎの四種の政府と軍関係者を列挙している。

（1）閣僚
（2）捕虜を留置している部隊の指揮官である陸海軍武官
（3）捕虜の福利に関係のある官庁の職員
（4）文官であると、陸海軍武官であるとにかかわりなく、捕虜を直接にみずから管理している職員（『速記録』第一〇巻、五九一頁）

多数派は右四種の責任者を記したあと、これらの人物には「捕虜に適切な処遇を確保」し「それを継続的に、効果的に運営」する組織を設置して虐待を防ぐという具体的な義務が課せられていたとし、けれども、そのような義務を履行しなかった者については刑事責任が問える、というのであった（『速記録』第一〇巻、五九一－二頁）。

とはいえ、これらの四種の地位にあった者すべてが有責とされると言っているわけではない。多数意見によると、①虐待が犯されていることを知りながら、「将来そのような罪が犯されることを防ぐために、自分の権限内の措置をとらなかった」場合、あるいは、②過失上の理由から虐待の事実を知るに至らなかった場合について、刑事責任が問えるということだった（『速記録』第一〇巻、五九一頁）。

つづけて、閣僚の責任についてやや踏み込んだ論がすすめられている。多数意見は、そもそも内閣とは「政府の主要な機関」（英語の原文では direct and control the function of government つまり「政府の機能を指揮し統制する」機関）であると指摘し、それを根拠にして、かなり厳しい責任の基準を提供している。当該部分は、少し長くなるが引用するに値する。

†閣僚責任の基準

内閣は政府の主要な機関の一つとして、捕虜の保護について、連帯して責任を負うものであって、その閣僚は、すでに論じた意味の犯罪が行われていることを知っており、しかも将来このような犯罪がおこなわれるのを防止する措置を怠ったり、それに失敗しながら、あえて閣僚として引続き在任する場合には、かれは責任を解除されることはない。たといかれの主管している省が捕虜の保護について直接に関係していない場合でも、これはあてはまることである。閣僚は辞職することができる。かれが捕虜の虐待を知っており、将来の虐待を防ぐ力がないのに、あえて内閣に留まり、これによって、引続き捕虜の保護についての内閣の連帯責任を分担するならば、将来どのような虐待について

も、かれはみずから好んで責任を引受けるものである。(『速記録』第一〇巻、五九二頁)

右の引用から、閣僚に適用される責任の基準はつぎの四点にまとめられよう。

- 閣僚には「連帯責任」の論理が適用される
- 内閣の構成員ならば、「主管している省が捕虜の保護について直接関係していない場合でも」、政府の捕虜に対する国際責務の不履行について責任を負う
- 内閣の構成員ならば、たとえ「将来の虐待を防ぐ力」をもっていなくても、政府の捕虜に対する国際責務の不履行について責任を負う
- 虐待の事実を知りながら内閣に止まるのは、「みずから好んで責任を引受けるもの」と解釈される

右の基準を適用すると、犯罪事実を知った閣僚が責任から解放される方法は、内閣から辞任するか、政府の義務履行を実現するため内閣に働きかけるかのいずれかとなろう。

多数派は、どのような法的あるいは事実認定上の根拠から、右のような厳しい基準を導き出したのだろうか。法廷審理中、捕虜や抑留民の処遇に関する政策決定という特定の役

割が閣僚にあるとは、検察側も弁護側も主張していなかった。そのようなことを裏づける証拠も提出していない。ただ、検察側の提出した「内閣官制」（一八八九年）では、閣僚はそれぞれの権限内の分野に関わる事柄だけでなく、「各省主任の事務に就き高等行政に関係し事体悄々《しょうしょう》重き者《（ママ）》は総て閣議を経べし」と明記され、高度な行政に関わることならば、閣議の審議にもちだす義務と権限がある、とは定義されていた（『速記録』第一巻、六四頁、書証番号七〇）。あるいは、この文書を根拠にして、捕虜虐待の恒常化に関する連帯責任を閣僚に帰することもありえただろう。しかし、この証拠への言及は多数意見にみられない。

　他方、法廷審理中の検察側の立証と弁護側の反証によると、日本の政府組織は非常に複雑であって、いわゆる「連絡組織」というものが内閣を超越して国策決定をするというのであった。とすれば、内閣だけではなく、「御前会議」や「最高戦争指導会議」といった連絡組織のほうが、内閣にも増して責任ある政府機関として指摘されなければいけないのではないか。多数意見は、このような質問にも沈黙している。

　残り三種の責任者グループについては、多数意見は言葉が少ない。しかし、かれらに適用される基準は、閣僚のそれより厳しくないのはあきらかである。多数意見によると、かれらの場合、犯罪を防止する実質的な能力があったかどうかによって有責かどうかが決定づけられる。よって、たとえば陸海軍の指揮官や陸海軍大臣については、「命令によって捕虜に正当な待遇を与えるように、またその虐待を防ぐ」ことを求め、「もしかれらの管理下にある捕虜に対して犯罪が行われ［た］……場合には、かれらはこれらの犯罪に対して責任がある」（『速記録』第一〇巻、五九二頁、傍点は加筆）。

†「犯罪の証拠」から推論される責任論

法廷審理中、検察側は戦争犯罪に関する膨大な「犯罪の証拠」を提出したことはすでに述べたが、多数派はこの立証内容を重視したようであり、最終判決でひとつの興味深い判定を下している。

多数意見の当該部分では、通例の戦争犯罪に関して受理された証拠が多量であったことがあらためて特筆され、その膨大さから、それらの証拠から知られる残虐行為をここでくわしく陳述するのは「実際的でない」という。そしてそのかわり、法廷で記録された残虐事件の要約を提供するにとどめる、という。ただしそのまえに、「犯罪の証拠」から導き出される個人責任に関する結論をつぎのように記している。

本裁判所に提出された残虐行為及びその他の通例の戦争犯罪に関する証拠は、中国における戦争開始から一九四五年八月の日本の降伏まで、拷問、殺人、強姦及びその他の最も非人道的な野蛮な性質の残忍行為が、日本の陸海軍によって思うままに行われたことを立証している。数カ月の期間にわたって、本裁判所は証人から口頭や宣誓口述書による証言を聴いた。これらの証人は、すべての戦争地域で行われた残虐行為について、詳細に証言した。それは非常に大きな規模で行われたが、すべての戦争地域でまったく共通の方法で行われたから、結論はただ一つしかあり得ない。すなわち、残虐行為は、日本政府またはその個々の官吏及び軍隊の指導者によって、秘密に命令されたか、故意に許されたかということである。(『速記録』第一〇巻、七六六頁、傍点は加筆)

右の引用では、犯罪行為が「日本政府またはその個々の官吏」によって命令あるいは許可されたという立場がとられている。これは一見、先にみてきた閣僚責任を含む政府構成員の責任論につうじるかのようだが、じつは違いがある。

先にたどってきたのは、政府の構成に適用される不作為責任だった。つまり、捕虜の保護を確保する義務を、故意あるいは過失により不履行だった場合の責任問題を扱うものである。これに対して右の判定では、政府の構成員が「秘密に命令」あるいは「故意に許」したことから、広域にわたり虐殺行為が頻発したというのであり、不作為責任とは別物である。なお、「秘密に命令」とは、戦争犯罪の遂行の命令を状況証拠から推論したことを示唆する。つまり、「命令」を明示する具体的証拠が受理されていなかったのだろう、よって「秘密に命令」となっている。他方、「故意に許した」とは、被告人が、犯罪が発生あるいは発生しかねないことを認識しつつ、犯罪の遂行されることを「故意に」、つまり意図的に許容したとの見解を示す。

†多数意見がやり損ねたこと

こうして多数意見には、戦争犯罪について二つの対照的な責任論が提示されたのだが、では、これらの責任論は、各被告人に対する判決でどう適用されたか。

右の問いに答えるため多数意見をみてみると、いくつかの例外をのぞいて、各被告人に対する証拠の分析が不徹底であり、しかも、右に概観したふたつの責任論を首尾一貫して適用していないことが露呈する。たとえば、多数意見で展開された作為・不作為責任が適用されていれば、当然有罪になっていた佐藤賢了（陸軍省軍務局長）、岡敬純（海軍省軍務局長）、平沼騏一郎（内閣総理大臣）は、無罪を言い渡されている。最終的には、被告人二五名のうち戦争犯罪で有罪となったのは一〇名のみだった（多数意見における個人に対する判決の具体例は、第四章でウェブ判決書草稿を分析するときに、いくつか比較しながらたどってみる）。

多数派が平和に対する罪で過度に共同謀議論に依拠したことをあわせると、戦争犯罪の訴因でも多数派が不足の多い判決を出したのは問題であった。とはいうものの、個別反対意見との比較研究の見地からいうと、多数意見はまだ良い方であった。なぜなら、つぎの二章で論じるパル意見とレーリンク意見は、多数意見よりさらに極端な形でもって、証拠に基づいた詳細な理由を付した意見を提供するという義務を怠り、その他の重大な誤謬も犯していたからである。

第二章

パル意見は「判決」か「反対意見」か?

インド代表パル判事(向かって左奥)とオランダ代表レーリンク(パルのとなり)。
〔アメリカ公文書館FE-238〕

1　はじめに

一般に「反対意見」と言及されながら、パル判事自身は「判決」と名づけたパル個別意見（以下「パル意見」と記す）を分析するのは、いろいろな理由から困難である。この命名の含意はのちに考察する。

†過度に冗長で明快な論述に欠けるパル意見

パル意見の法理学を分析するうえでの第一の難題は、その長さである。多数意見は、序章で紹介したボイスターとクライヤー編の刊行資料 *Documents on the Tokyo International Military Tribunal* で五五八頁ある。比較的簡潔にまとめられたニュルンベルク判決（序章で紹介した刊行資料 *Trial of the Major War Criminals before the International Military Tribunal: Nuremberg* では一七〇頁）にくらべると、多数意見はかなりの長文であり、前章で指摘したさまざまな問題もかかえている。ところが、パル意見はもっと長くて、右の刊行資料で六一六頁ある。これは長文なだけではなく、初めの五三〇頁は過度に冗長でしばしば関連性のない引用に満ち、国際法に関する学者ぶった論考の反復、簡潔さや明快な構成の総体的な欠如といった問題が顕著で、これを読む者はその退屈さにほとんど閉口させられるだろう。

パルは、その「反対意見」を理由に、極東国際軍事裁判の偉大な英雄として日本で讃えられてきたが、かれの意見の内容を分析したり読破した者は、その支持層においても数少ないように見受けられる。しかもパル意見が賞賛されるのは、被告人全員が無罪と結論したからであって、必ずしも、その無罪という結論をパルがどう説明し根拠づけているかではない。しかし、裁判官による判決の質を判断する基準とは、自分がその判決の結論に賛成するかどうかではない。受理された証拠に対して法が公正に適用され、その結論が妥当だと判断できるかどうかである。これ——つまり、法の公正な適用のもとに、証拠に立脚した筋の通った意見を書くこと——が裁判官の根本的な職務である。しかし、本章であきらかにするとおり、パルはこの職務を完全に怠った。実際、多くのパル支持者が高く評価するのは、パル意見に存するイデオロギーや政治的な内容であって、法学上の基準に照らし合わせてパルが何を達成したかではない。

†反対意見になっていないパル意見

第二の難題は、パル意見は法学書からの膨大な引用で充満しているものの、これが反対意見には似ても似つかぬ文書であることだ。じつに反対意見とは、その本質的な性格からいって、多数意見の法律や事実問題の結論に「異議を述べる」ものであり、多数派の理由づけに対して道理を尽くした批評を提供するものである。しかし、異議を唱える対象であるはずの多数意見を考察することを、パルは怠っている。パル意見はただ一度、多数意見に初めの一文で言及したきりで、以後それに触れることは一切なかった。なぜか。

本章であきらかにするとおり、パルはそもそも多数派の下した特定の法律や事実判定について争う、という通常の意味での反対意見を書くつもりは毛頭なかった。パルの目標はむしろ、もうひとつの東京裁判に対する別の「判決」を著すことであった。そのもうひとつの裁判とは、日本の戦争遂行ではなくて、西欧諸国による植民地主義や帝国主義を断罪するという、いわば架空の裁判であり、そのような架空の裁判を重視する見地から、日本の指導者は裁かれるべきではなかったとするのがパルの立場だった。よって、二年にわたる実際の東京法廷における審理を考察する必要はかれにはなく、また、多数意見に異議を唱えるどころか、その内容を知る必要もなかった。

では、裁判が始まる前からその正当性を否定しているにもかかわらず、なぜ公正な裁判官をつとめるという宣誓をその裁判所に対してする者があるのか、わたしたちはここで尋ねなければならない。その答えは推察するに、東京裁判所にて名目上「裁判官」の任に就くことにより、当時母国インドがまさに払いのけようとしている植民地主義国の覇権を糾弾する場を得ようとしたのではないか、と考えられる。実際パルは、本章でみていくとおり、東京裁判所での地位を利用し、日本の戦争や戦争犯罪に関する審理は重視せず、そのかわり、西洋諸国に支配される国際秩序の批判を世界に向けて発信することに熱心であった。

日本の遂行した戦争は現実問題、アジア太平洋の広大な地域のみならず日本本土にも多大な破壊と苦しみをもたらした、未曾有の破壊行為だった。しかし、その現実から目をそらし、あるいはそれを軽んじるパル意見は、この戦争に対する責任を認めたくない者たちから歓迎されるのは当然である。パルが、大東亜戦争肯定論者などのあいだで賞賛され記憶されつづける理由はまさにここにあり、パル意見に何ら法律上の真価が認められるからではない。

†パルは判事の職務に無関心

こうしてパル意見は、法的論考と政治書のあいだの空間のどこかに存在し、どちらかというと前者より後者を指向する。そこには、純粋に政治的な意見としかみなせないものが多く含まれている。この事実は、パルに公平性が欠けていることを示すだけではなく、パルにとって反対意見を書く真の目的が、裁判官として適切な職務を履行することと、ほとんど何も関係ないことを暗示する。パルが、西洋諸国の植民地主義や帝国主義を憎悪したのはその意見からあきらかであるが、それは法廷で争われる法律問題とは無関係である。ところが、まさに西洋諸国の植民地主義や帝国主義を断罪することがパル意見の核心であり、要するに、法ではなく政治がパルの最大の関心事であった。

わたしたちの主たる論点は、簡潔に言うと、「パルは東京裁判所の判事としての職務を果たすことを完全に怠った」である。これは、必ずしも新しい論ではない。というのは、この論の適確さを裏づける公知の行動や発言を、パル自身が裁判当時から多く提供しているからだ。

一例として、一九四六年七月五日付けでウェブに当てた覚書でパルは、裁判所で議論されつつある枢要な事柄について異議を述べると表明し、「私自身による詳細な判決を準備している」と知らせている（NAA M1417 25 傍点は加筆）。本格的な法廷審理に入る前から、パルが反対意見を著すつもりであることをレーリンクに示唆していた、という話もよく知られる。言うまでもなく、裁判当初から判決内容をあらかじめ決めている判事は、もっとも根本的な司法倫理や公正な裁判の基準からして、判事の根幹とすべき職務を怠っている。東京裁判の法廷における審理は当時まだ始まったばかりで、それが終了するのは一八カ月も先の話である。しかも、パルは実際の法廷審理の四分の一近くを欠席した。これは、どのような判事にも到底ふさわしい行為ではなく、いわんや検察側の立証すべてを却下しようと企図する判事においてをや、である。

また、弁護側代表の鵜沢聡明《うざわふさあき》が最終弁論で冒頭陳述を終えたあと、パルはその演説の感情力と内容を賞賛するべく、あとで弁護団のところにかけつけた、といった逸話が伝えられている。このような行動は、公平性の欠如だけでなく、基本的な法倫理に対する根本的侮辱に相当することは、指摘するまでもなかろう。

そもそも裁判とは、証拠の提出から構成され、判事は受理した証拠を公平に分析し、それら証拠のみを使って最終的な法的結論と事実認定および有罪無罪の決定を下すという、宣誓上の義務を負っている。ところがパルは、検察側や弁護側による証拠や主張にほとんど関心を示さない。なぜなら、判事が本来なすべき任務を達成することはパルの目的ではないからだ。パルが自らに課した役目はむしろ、実際に起こりつつある裁判よりも起こるべきだった裁判に対して判決を書くことで、おそらくこの「判決」で、ニュルンベルク裁判でも東京裁判でも実現されなかった正義というものを提供しようとしたのであろう。

一般論として、判事を職能とする者をわたしたちが評価するとき適用すべき基準とは、どのようなものか、ここでしばし考えてみよう。この問いに対する一つの答えが、東京裁判当時にウェブ裁判長により示されている。一九四七年一一月付けで他の判事たちに宛てた覚書でウェブは、判定の公平さや正当性が量られるべき根本基準をつぎのように述べている。

裁判所の構成員は、被告人に対して偏見があってはならず、個人的な敵意をもってはならず、また、有罪か無罪かを決定するため証拠を徹底的かつ客観的に分析しなければなりません。(NAA M1417/1 32)

右の基準に照らし合わせると、パルの判事ぶり、そしてパル意見はどのように評価されるだろうか。結論から先に述べると、パル意見は厳密さや論理性の体裁を整えているが、その意見をつらぬくのは矛盾や不整合、不明瞭さ、うわべだけの論法、そして、裁判で受理された証拠のうちパルの目的に合致しないものの意図的な回避、である。

本章では、パル意見に内在する諸問題を例証しながら右の結論を裏づけていく。

†多数意見を読まずに「反対意見」の執筆完了

パルは独自の意見を著すため、多数派に「反対」するという機会を利用し「判決」を著したわけだが、実際パルはその意見で多数意見に全然とり合わなかった。そして、じつのところ多数意見が完成する前に、反対意見たる「判決」を書き終えていた。これは当時から公知の事実である。大島浩の弁護をつとめたオーウェン・カニンガムは、一九四八年九月七日にアメリカ弁護士会で講演した際、裁判所による判決はまだ何カ月もかかると予想されるが、「判事のひとり、インド代表は、かれの反対判決をすでに完成させ、すべての訴因を却下して被告人全員の無罪を勧告している」と指摘している（NAA M1417/1 25 傍点は加筆）。

ちなみに、判事たちのあいだでは裁判進行中、法律問題や証拠、判決の部分的草稿を論じる内部覚書が共有されたが、パルはその共有された文書を議論する過程において、ほぼ不在である。このことから、パルが自分の見解を裁判所内に知らしめることに関心がなかったとよみとれよう。おそらくパルは、この機会に乗じて言わなければいけないと自ら信じる事柄——それは、何世紀にもわたる西洋のアジア支配が連合国による勝利で強固にされたという見解（後述）——を同僚の判事たちではなくて、世界の聴衆に発信したかったのであろう。

パルがその意見から発信したメッセージを受け、パルの社会観や戦争史観に強く共感する者が東京裁判論者のあいだにいるだろう。しかし、裁判論者がいずれにの立場にあろうとも確認されるべきは、パルのなさんとすることが政治的事業であって、法的職務の公正な履行ではないことである。またパル支持層は、パルを植民地主義や帝国主義に反対した知的指導者、あるいは理論家として賞賛するかもしれない。しかし同時に、パルが判事としての本来の役割を放棄し、そうした政治的役割をえらびとったことも認識しなければならない。つまり、東京裁判においてパルは、公正の原則や道理に基づいた審理という基本的な任務をないがしろにし、そのかわり、自分の先入観や政治的信条を重んじた意見を著した――この事実について、裁判論者のあいだで合意があってよい。

†本章で試みること

右に列挙した批判はいずれも重大であるので、パル意見を慎重に分析し根拠が明示されなければならない。パルの意見が非常に長く複雑に絡み合った構造であるため、序章で紹介した新しい学術書 *The Tokyo War Crimes Tribunal* では、包括的で詳細にわたる分析を提供している。本書では紙数の制限があるので、パル意見の重大な欠点のうち代表例に焦点を絞り、とくにパルがどのような論法により、被告人に対する起訴内容の審査を超えて政治的な主張の領域に入っていくかをたどってみる。また、問題を整理しながら論じるため、まずパル意見のなかでも、平和に対する罪に関係する部分をはじめにとりあげ、つぎに通例の戦争犯罪に関する部分に目を転じる。

2　平和に対する罪に関するパルの見解

パル意見の平和に対する罪に関する部分は、ボイスターとクライヤーの編集した刊行資料では、全部で五一〇頁ほどある。パルはこれらの部分で、被告人に対する侵略の罪の起訴内容は審理せず、むしろ、日本が西洋の帝国主義国家の支配の犠牲になったとの論を展開する。パルは、このような結論にどう行き着きそれを正当化したか、本節を皮切りにみていく。

ただし右の質問に対する論を本章ですすめるまえに、パル意見の中核にあるひとつの顕著な矛盾が、あらかじめ指摘される。一方でパルは、起訴状が依拠する国際法秩序そのものの正当性を認めず、この理由により、はじめから被告人は裁かれるべきではなかったとの立場をとる。しかし他方でパルは、連合国は戦争をけしかけた張本人として国際裁判にかけられるべきである、と何度も示唆する。これらは、国際法秩序に関する二つの相反する立場であり、論理的に相容れない。ところが、この類の矛盾した論述はパル意見に散見される。パル意見を論じるにあたり、このような矛盾点の意味するところにも光が当てられなければならない。

†単純な法律問題に多大な紙幅を費やすパル

平和に対する罪に関する論は、パル意見の大部分を構成するが、じつは、平和に対する罪に関係する法律問題自体はあまり複雑ではない。論点はつぎの三つに絞られる。

①裁判所憲章の法は、裁判所に対して拘束力があるか
②平和に対する罪あるいは侵略戦争の遂行は、起訴内容に包含される時期、国際法上の犯罪であると認められていたか
③侵略戦争が犯罪を構成していたのならば、該当期間の国際法は、この犯罪に個人の刑事責任を規定していたか

レーリンク判事の場合、右の三つの法律問題に関する多数意見の答えに異議を唱えたが、結論に行き着くために二〇頁の法的議論で事足りた。パルは、同じことを達成するのに五一〇頁を要した。

右の三つの問題点を考察するとき、解釈の求められる法文書集成は比較的わずかである。

ただし、右の点とくに②と③については、正当な法的根拠からの異論があり、当時の主要な国際法学者のあいだで論争があった。ニュルンベルク裁判と東京裁判憲章の起草者は、こうした論争を防止するため、判事たちに憲章の法が拘束力をもつと規定したが、論争は回避されず、いまでも継続している。

重要な法律理論についての判定が議論から生まれるのは、もちろん珍しいことではない。異なる法解釈の可能性が実際あったことから、ニュルンベルク裁判と東京裁判の判事たちには、それぞれが採択する見解について筋の通った理由づけを付すという作業が望まれたのであり、実際それぞれの裁判所は、筋の通った理由づけを著したのであった。

つまるところ最重要点は、一九二八年締結の不戦条約に含まれるわずかな句の意味にかかっており、そして、ヨーロッパと極東で戦争が勃発する以前の時期、それらの句の法的効力がどう受け止められていたかであった。ニュルンベルク裁判所、ニュルンベルク継続裁判所、ウェブ裁判長、レーリンク、ベルナール（仏判事）など、当時のさまざまな司法機関や判事たちは、これらの法律問題を適切かつ簡潔に扱い、不戦条約のさまざまな解釈をそれぞれ擁護した。ところがパルの場合、同じ問題を論じるのに五一〇頁を要したわけである。なぜか。

パル意見から察するに、それらの問題を扱うことをパルはひとつの論法とし、その長々しい記述により、裁判所が現に直面した国際法の問題をはるかに超え、また判事としての自身の役割もはるかに超え、自己の政治的な論を展開しようとしたようである。くわしくは後述する。

いずれにせよ、パル自身の到達した法的結論からすると、平和に対する罪やこの種の犯罪に関する共同謀議について、手の込んだ議論をする必要は全くなかった。ところが、とくに共同謀議の訴因については、一方でパルは、国際法において共同謀議が犯罪と認識され得ず、また責任論としても受容されていなかったとの見解を表明しているが、他方では、この見解を、共同謀議に関係する起訴事項を三四〇頁にもわたり議論したあとになって、ようやく記している。つまり、法律上認められないとみなした犯罪を論破するために、その「判決」の半分以上も費やしたことになる。ニュルンベルク判決の場合、検察側の共同謀議論はたったの二頁で処理し、ウェブによる判決書草稿もほぼ同様である。

さらに驚かされるのは、平和に対する罪について、パルは非常な分量の議論を展開するのだが、その議論が終わり「判決」のずっと後の方になって、結局は、日本が遂行した戦争のいずれかが侵略的であったかどうか何らの判定も結論も下さない、と宣言している。当該部分を引用すると、つぎのとおりである。

本官は起訴状に列記されたどの国にたいするどの戦争にしても、それが侵略戦争であったかどうかということは考察しなかった。戦争というものが犯罪的性質を有するか否かについて本官のとっている法律観は、本官がこの問題に触れることを不必要にしている。

(『パル判決』下、七二七頁、傍点は加筆)

この問題について結論をだすつもりがないのなら、なぜ、侵略戦争に関する起訴内容の考察に「判決」の大部分をそもそも費やすのか、一見理解に苦しむところである。

なお、日本の遂行した戦争が侵略的だったかどうか断定的な答えをパルが出さなかったという事実は、パルは日本の容疑を晴らしたという類の解説をする裁判論者が見落としている、パル意見のもうひとつの重大な側面といえよう。

†「博識な学者たち」からの膨大な引用と微細にわたる考察

すでに指摘したとおり、東京裁判所におけるパルは、同僚判事たちによる審理や結論から自らを隔離し、孤立した状態で書いているようであった。そしてパルは、平和に対する罪について不必要な長さの議論を展開するが、かれの対話者は同僚判事たちではなかった。そのかわり、当時の主要な国際法学者のうちの幾人かである。どうやらパルは、自分を判事よりも法学者と考えたようである。そして、パルが論を重ねるべき対象とみなしたのはライト卿、シェルドン・グリュック、ハンス・ケルゼン、H・ラウターパハト、L・オッペンハイマーといった西洋の法学者であり、パル意見ではこれら学者による解釈の誤りに光を当てようとするのである。

先に示した三つの重要な法律問題を扱うに当たり、パルは一一九頁にわたって「博識な学者たち」と言及する右の法学者たちによる文献から、長い引用や言い換えを提供する。パルはこれらを、耐え難いほど詳細に論じるが、その内容は批判や賞賛や論駁などである。パルは、重要でない文言さえも余すところなく考察している。しかし、これらは全く不必要な学術作業である。なぜなら、①これらの法学者のあいだでは相互に異論があり、そして、②これら法学者たちの論考は、ニュルンベルク・東京裁判所などの司法機関にとって、権威ある典拠を構成しないからだ。実際レーリンクの場合、これらの学者の見解に一頁強を費やしたのみで法律問題を処理している。ニュルンベルク国際軍事裁判所は、侵略戦争や共同謀議の法理論を取り扱う際、これら国際法学者による学術書等を論じない。そのかわり、ニュルンベルク裁判所の関心は、まさに解釈を求められているパリ条約など、国際法文書の法的効力をあきらかにすることに集中している。

†政府高官に絶対抗弁を提供

ニュルンベルク裁判所の基盤をなす個人責任の原則とは、今日に至るまで国際刑法を定義づける大原則となっているが、被告人に対する侵略戦争に関する起訴内容を考察するに当たり、パルはこの原則を却下する。そのとき、パルはニュルンベルク裁判所の先駆的判定に一切言及しない。ただ「主権の行為の原則」を主張し、それを個人責任の原則を却下する根拠としている。

当の「主権の行為の原則」とは、第二次世界大戦後に設立されたニュルンベルク裁判所やその他の裁判所に退けられ、すでに第一次世界大戦後にも無効と広くみなされていた原則である。しかしパルは、「本官の見解によれば、ここに述べられた行為はすべて国家の行為である。そして、これらの被告がなしたとされている行為は、すべて政府の機構の運用にあたってなしたもの」と説明している（『パル判決』上、二二九頁）。

こうしてパルは、「主権の行為の原則」を盾にして、「国家」を構成する個人は、国家の名の下に犯された犯罪に対して何らの責任も負わないと主張する。つまり、犯罪がどれほど凶悪であっても、また、たとえ被告人がそうした犯罪の実行を命令したか、あるいは許容したという証拠があっても、それらは国家の行為であるから、政治・軍事指導者は誰も問責されない――これがパルの立場である。

右の論は、パル意見に内在するもうひとつの矛盾を露呈させている。先に触れたとおり、パルはその意見で、東京裁判で裁かれるべきは日本ではなくて連合国の指導者であった、と何度も暗示する。しかし、右の論によると、東京裁判の被告人には「主権の行為の原則」が適用されるわけであるから、連合国の指導者にも同じ原則が適用されなければおかしく、後者のみを裁くべきと示唆するのは論理的に矛盾をなす。

この例からあらためてわかるのは、パルは法理論を一貫性をもって論じたり適用することに無頓着であり、ただひたすら日本を免除し、西欧諸国を糾弾することに熱心だった。

†ニュルンベルク判決は無視

ところで、「主権の行為の原則」で個人責任が排除されるという主張は、東京裁判において弁護側により展開されたが、ニュルンベルク裁判の弁護側もこの点では同様であった。それに対するニュルンベルク裁判所の答えはつぎのとおりだった。

国際法が個人ならびに国家に義務や責任を課することは長く認められていた。……国際法に対する犯罪は人によって犯され、抽象的な存在によらず、そうした犯罪を犯す個人

を処罰することによってのみ国際法の規定が施行できるのである。(IMT、第一巻、二二三頁)

ニュルンベルク裁判所の意見は、東京裁判所からすれば重要な法的先例をなしており、東京裁判所の判事にとっては、この先例を考察することが、長々しい学術論考の概要を提供するより適切な行為である。しかし、パル意見には一切そのような考察がなく、個人責任の原則がなぜ無効なのか詳説しようとしない。そのかわりパルは、「主権の行為の原則」を主張し、つまり、職権内の権限を行使して犯罪を犯した政府高官に絶対抗弁を提供したのである。じつに平和に対する罪についてパルがこの原則に固執する真意は、ここにあったと考えられる。

†戦争犯罪に適用する責任論はあいまい

侵略戦争に関する起訴内容から、通例の戦争犯罪の取り扱いにしばし目を転じると、パルは、「個人的資格において」犯された犯罪ならば、それらは「国家の行為ではなく」、そのため右の抗弁――つまり「主権の行為の原則」――が適用されない、と但し書きする(『パル判決』上、二四四頁)。この但し書きは、たとえば地位の低い兵士が酔って暴れ、命令に違反して強姦や略奪や殺人などを犯した場合を想定し、その場合に適用される原則として提示しているように見受けられる。しかし、極東国際軍事裁判で裁かれている被告人に対する起訴内容は、そういった犯罪状況を扱っているのではなく、パルもそれはわかっているはずだった。そこで、右の但し書きについてパルに問われるのは、どのような場合に政府や軍の高官が「個人的資格において」行動し、それを極東軍事裁判所のような裁判所が認識できる犯罪とみなせるのか、である。けれども、この問いに対する答えはパル意見にない。

なお、ここにはパル意見に独特の矛盾がまたひとつ露呈している。一方では、「個人の資格において」なされた行為には、政府高官に絶対抗弁（つまり「主権の行為の原則」）が適用されないと但し書きし、他方、「国家の行為」としてなされた行為については、政府高官に絶対抗弁が有効という立場をとった。しかし、パルはその意見で別途、国策に従った行為について連合国の指導者は裁かれるべき、という主張を展開している。論理的にいって、国策の遂行とはまさに「国家の行為」であり、「個人的資格において」の行為ではない。とすると、パルの論理に従うと、ここでは「主権の行為の原則」が適用され、連合国の政府高官の絶対抗弁が認められるということになる。

問題を一層混同させるのは、戦争犯罪に関してパルは、政府高官は「主権の行為の原則」による絶対的な個人責任から免除されなくなった、とも認めていることだ。当該部分につぎのようなくだりがある。

> 本官の判断ではつぎのことはもはや議論の余地はない。すなわちその当事者たちは、たんにかれらがそれぞれ……高い地位にあったということのみによって、この点に関するかれらの刑事責任を免除されるということにはならない。もちろんこの場合、罪が他の理由によってかれらに帰せられうるものと仮定してのことである。国家内におけるかれらの地位は、かれらのあらゆる行為を国際法の意味における国家の行為となすものではない。(『パル判決』上、二四八頁)

右の引用でパルは、政府高官の絶対抗弁が必ずしも認められないことは「もはや議論の余地はない」と述べている。しかし、なんら典拠を示していないので、どの先例に言及しているのかは、あきらかでない。このくだりを読む者は、先例ならば当然ニュルンベルク判決だろう、と推測するかもしれない。けれども、当のニュルンベルク判決が「もはや議論の余地はない」としたのは、政府高官の絶対抗弁が必ずしも認められない、ではない。むしろ、「主権の権利の原則」が完全に無効であること、である。

通例の戦争犯罪に関するパルの見解は、第5節と第6節でくわしくたどる。

†首尾一貫しない「法律上の重要問題」

さらに平和に対する罪に関する部分のパル意見には、より根本的な法律問題について目に余る混乱がある。それをここでたどってみよう。

まず、ボイスターとクライヤー（編）の英文版の八一五頁でパルは、裁判所には、決定しなければならない実質的な「法律上の重要問題」が三つあるという（『パル判決』上、二二九頁）。その三つとは、つぎのとおりである。

一、一国が他国を軍事的、政治的、経済的に支配することは、国際生活において犯罪であるかどうか。

二、（a）起訴状で問題とされている期間内に上述のような性質の戦争が、国際法上において犯罪となったかどうか。もし右のようなことがないとすれば、

（b）起訴状に述べられた諸行為の法的性格に影響を及ぼすほど、かような戦争を犯罪であるとなす事後法が、どんなものにもせよ制定され得るかどうか、また実際にそれが制定されたかどうか。

三、いわゆる侵略国家の政府を構成する各個人が、かような行為について、国際法上において刑事上の責任があるとなし得るかどうか。（『パル判決』上、二二九、二三八頁）

右の三点を列挙してしばらく経ったあと、英文版の八二〇頁にパルは再度、「右に挙げた場合の中にふくまれている、各種の実質的な法律問題を取り上げて論じよう」と述べる（『パル判決』上、二五二頁、傍点は加筆）。つづけて、主要な法律問題についてつぎのように記す。

その問題というのは、つぎの通りである。すなわち、
一、検察側の言うような性質を有する戦争は、国際法上の犯罪であるか否か。
二、国家の構成分子たる個人は、かような戦争の準備その他をなすことによって、国際法上の犯罪を犯すものとなるか否か。（『パル判決』上、二五二頁）

このくだりから、パルは先に記したものと同じ問題に言及しているといいながら、三つあったはずの問題を二つにすり替えていることがわかる。のみならず、「法律上の重要問題」であるはずの問題自体も変えているのである。八一五頁の法律問題から割愛された点

は、「起訴状で問題とされている期間内に……戦争が、国際法上において犯罪となったかどうか」云々である。これは、割愛するには些細とはいえない問題ではないか。

パル意見を特徴づける混乱した論述は、ここで終わらない。パルは、八二〇頁で右ふたつの「実質的な法律問題」を決定的問題と定義し直したわけだが、なんと、そのすぐあとに、列挙しなかった別の問題に目を転じている。その別の問題とは、裁判所憲章の地位や、連合国の立法権、そして裁判所憲章の裁判所に対する拘束力に関する事項である。

こうして別の法律問題を提起したので、パルはそれに答える作業に移る。つづく二〇頁ほどでパルは、裁判所憲章の地位に関する問題をさまざまな法学書から引用しながら議論をすすめる。しかし、パルはそうするうちに、八二〇頁で決定的問題と明記した二つの問題を忘れてしまったようである。というのは、そこから二一五頁過ぎてからあらためて――そして三度目に――実質的な法律問題を、つぎのように記しているからである。

> したがってここにわれわれが決定すべき二つの主要な問題が起ってくる。すなわち、一、ここの訴追されているような性質の戦争が、国際法上の犯罪となったか否か。二、訴追されているような性質の戦争が国際法上の犯罪であると仮定すれば、はたしてここに訴追されているような役目を果たした個人たちが、国際法上のもとにおいて刑事上の責任

を負うべきであるか否か。(『パル判決』上、三〇三頁)

右の引用を八二〇頁の列挙と比べてみると、二点目がまた再編成されているのがわかる。なぜ変更したのかについては、パルは説明しない。

このような首尾一貫性の欠如の例は、パル意見にはいくらでもあるが、本節では右の一連の例をとりあげた。その理由は、この例からみてとれるように、パル意見は番号を振ったりして表面的には緻密な構成のある印象を与えたり、あるいは長い概要から精密さの印象を与えたりするが、その論はじつのところ一貫性に欠け、基本的な構造面からいってもお粗末であることを明示するためである。

†戦争は国際法のもと犯罪ではないと結論

とにかくパルは、裁判所が決定するべき実質的な法律問題を、それと示すことなく三度にわたり公式化したわけだが、そのあとパルは、ようやくそのうちの第一の問題に目をむける。つまり、「一、ここの訴追されているような性質の戦争が、国際法上の犯罪となったか否か」である。

つづけてパルは、国際法の論文や論考の主要な著者からの長い引用に充ちた問答を三七頁にわたって展開し、ふたつの結論に行き着く。そのふたつとは、つぎのとおりである。

一、国際生活においてはどの種類の戦争も、犯罪もしくは違法とならなかったということ。

二、政府を構成し……〔た〕人々は、かれらがなしたと主張される行為について、国際法上なんらの刑事責任を負うものではないこと。(『パル判決』上、四六七頁)

右の結論に到達するに当たり、パルは多数意見もニュルンベルク判決による理由づけにも一切触れることはなかった。

いずれにせよ、パルは決定されなければならない「実質的な法律問題」に対して否という答えを出したのだから、これで一件落着ということになる。つまり、どのような戦争についても、人を裁いたり有罪宣告したりする何らの法的根拠がない、と結論したのである。論理的に考えると、これ以降、日本の遂行した戦争に関する事実問題に立ち入る必要はない。そして、侵略戦争に関する起訴内容を、パルはこの時点ですべて無効にできるということになる。

ところが、実際にはパル意見はここで終わらない。パルの論述は、法的論理の領域で作用しないのである。

†侵略戦争の定義づけが必要と新たに主張

右の結論では、「実質的な法律問題」とみなした問題に対してパルは結論したのだが、パル意見にはさらなる頁が費やされている。そのなかでは、「実質的な法律問題」のひとつに挙げていなかった新しい主要な法律問題に目を向けている。この新たな法律問題とは、「われわれは侵略戦争とはなにを意味するものであるかを決定しなければならない」、である(『パル判決』上、四七一頁)。こうして新しい問題を提起するのならば、つづく節で、侵略戦争を定義するだろうと期待しても、それはしない。そのかわり、まず「われわれはある種の戦争が犯罪的になったということに関して、いろいろ行われている見解の中で、どれがわれわれによって採用されているかを決定しなければならない」と問い直す(『パル判決』上、四九三頁)。

右のような論の展開は、控えめに言っても不可思議である。パルはちょうど終えたばかりの節で、「実質的な法律問題」に関する余すところのない議論をし、起訴状に申し立てられた戦争は国際法のもと犯罪ではない、と判定したばかりだった。つまり、戦争の最も極端な形式である侵略も、国際法のもとで禁止の対象ではないと判定したことになる。にもかかわらず、今度は、どのような場合に戦争が犯罪を構成するという見解があるのか、決定する必要があると述べ、一見つじつまの合わぬ論を展開しはじめるのである。しかも先に触れたとおり、パルはその意見の終わりのほうで、日本が侵略戦争をしたかどうか結論に至らないと結んでいるので、ここで新たに提起した質問に対して、パルはどのみち答えを出すつもりはないのである。

とすると、右のような論述をすすめる真意は何なのか。パル意見から察するに、これは、パルがこの「判決」で言わんとするところに話をもっていくための、いわば論法であったと考えられる。すなわち、この論述により日本が戦争に突入していった歴史的原因を話題にしはじめ、なかでも諸外国による日本に対する政治的、経済的、あるいは思想的圧力や脅威といった問題に入っていくことを指向した、とみられる。

パルの真意は数頁あとに実際あきらかにされる。当該部分を引用すると、つぎのとおりである。

本官はすでに、日本のある特定の行動が侵略的であったか否かを決定するには、われわれは日本にたいする有害なプロパガンダ活動、およびいわゆる経済制裁等をふくむ関係国のそれ以前の行動を考慮にいれなければならないということを示すために、十分に説

述したと思う。（『パル判決』上、五一九－二〇頁、傍点は加筆）

そしてパルは、諸外国から日本に対する「それ以前の行動」――つまり諸外国による前例――という、いわば「判決」の核心の問題に迫り、かれの視点からすると真の犯罪者であり侵略者たる西洋の植民地主義者に対する攻撃を企図するのである。

†ニュルンベルク法廷のジャクソン冒頭陳述を曲げて解釈

事実そのような攻撃が、パルの「判決」を特徴づける。

「それ以前の行動」に関する議論をするにあたり、パルは頻繁にニュルンベルク法廷でロバート・ジャクソン米首席検察官が提供した論に言及する。そんなとき、パルの言及は選択的であり、ジャクソンが展開した適切な論駁には目立って触れていない。

一例をあげよう。

ニュルンベルク法廷における被告人は、パルが日本の被告人たちのために主張するものと同じような弁明を展開していた。すなわち、ドイツは第一次世界大戦後の政治経済体制や、英仏露米の敵対行為や、ドイツの限られた資源と地理的領域の理由から、拡張か死か、いずれかを選ぶほかなかったと主張し、よって戦争に訴えるしかなかった、という弁明である。東京裁判の被告人も、中ソ共産主義の脅威、ＡＢＣＤ経済封鎖、日本の限られた資源や地理的限界などを指摘し、これらの打開策として、そして日本の「生活圏」を確保するため、戦争手段に訴えるしかなかった、といった弁明をしていた。

ニュルンベルク法廷にて冒頭陳述を提供したジャクソンは、被告人の展開するであろう反論を予期して、つぎのような論をすすめた。

> この裁判の期間と領域において重要なのは、この戦争が侵略であったというわれわれによる告発と、ドイツはなんら苦情をもたなかったという立場とのあいだの差異を、心に留めおくことです。われわれは、この戦争の原因となった状況を審問しているのではありません。それは歴史が解明することです。一九三三年やそのほかの時期におけるヨーロッパの現状を擁護することは、なんらわれわれの任務の一環をなしません。……公言された遠い昔の因果関係は、この裁判で有益に審問する対象としては、あまりにも偽りがあり一貫性にかけ、あまりに複雑で空理空論がありすぎます。卑近な例は、「リーベンスラウム」というスローガンにみられ、膨張の正当化としてドイツはもっと生活圏が必要だったという主張を約言しています。……侵略の範囲を不断に拡張するよう導いてきた理論の真実性を調べる必要は、われわれにはありません。われわれが犯罪だと告発

するのは、侵略の計画と行為なのです。（IMT、第二巻、一四九頁、傍点は加筆）

ジャクソンによる右の論駁は、パル意見では一切話題にされない。むしろパルは、まさに「この戦争の原因となった状況を審問」しようと企図し、戦争の歴史的因果関係——あるいはパルの言葉では、国際政治において諸外国から日本に課せられた「それ以前の行動」——に目を向けるのである。

3 「それ以前の行動」と真の侵略者の意味

こうしてパルは、国際政治のより広い文脈を考察していく。

パルはその意見でまず、現代の国際社会には「依然として一国による他国の支配が存続」し、「隷属」が許容されていると指摘する（『パル判決』上、三七二頁）。ここで言及されているのは、第二次世界大戦で揺さぶられながらも、いまだ廃絶されていない植民地主義体制とみられる。パルはつづけて、「第二次世界大戦前には、国際社会はまだ上述のような汚点［他国家の征服支配の準備をすること］を犯罪とするほど、発展をとげていなかった」とコメントし（『パル判決』上、三七三頁）、ある国が他の国を支配するため戦争手段に訴えることを禁止するような国際規範は、第二次世界大戦期になかった、との見解をあきらかにする。

そしてパルは、ニュルンベルク法廷におけるジャクソンの冒頭陳述の一部に言及し、そのなかでジャクソンが、「われわれの立場は……現状がどれほどその国にとって不都合のものであろうとも、侵略戦争はかような不平を解決し、またはこれらの状況を改善する手段としては、違法であるというのです」と述べたことに触れ、これをあたかも、ニュルンベルクにてアメリカ代表検察官が、植民地主義体制の温存を擁護する発言をしたかのように紹介する。(『パル判決』上、四八四頁)

しかし、ジャクソンが実際に提供した冒頭陳述の当該部分はつぎのとおりであった。

われわれの立場は、ある国家がどれほどの不平をもっていようとも、また現状がどれほどその国にとって不都合のものであろうとも、侵略戦争はかような不平を解決し、またはこれらの状況を改善する手段としては、違法であるというのです。一九二〇年代や一九三〇年代のドイツは、戦争には及ばないものの最たる大胆な処置を正当化するような、絶望的な問題に直面していたかもしれません。その他の手段——説得、宣伝活動、経済競争、外交——は、権利を侵された国に開かれていましたが、侵略戦争は法的に無効とされていました。これらの被告人はたしかに条約を侵害して侵略戦争を実行しました。かれらは、戦争に及ばぬ手段では達成できないとわかっている外交政策を実現するため、近隣諸国をたしかに攻撃し侵攻しました。そして、われわれが告発あるいは審査せんとしているのはこの限りです。（IMT、第二巻、一四九頁、傍点は加筆）

右の冒頭陳述でジャクソンが言わんとしていることは、あきらかである。すなわち、ニュルンベルク裁判所の任務は法を適用することであって、本件と無関係なことを審査することではない、というのである。ニュルンベルク裁判所の場合、侵略戦争の計画や遂行が刑事責任を問われる行為を構成するという法原則を適用し、この種の犯罪につき各被告人の個人責任を、証拠に基づき公正に審査することが課せられているのであった。ドイツがヴェルサイユ条約後、経済上の苦情や屈辱感をもち、近隣諸国に対して優位な立場や資源、あるいはドイツのレーベンスラウム（「生活圏」）を獲得したいと強く望んだ、といった事柄は、裁判所の関心外であった。

†主戦論者パル

パルはというと、まさにジャクソンが本件と無関係と諭すであろう歴史論争の渦中に自らをおき、論述をつづける。その際パルは、西洋諸国による国際政治体制の支配を転覆させるためならば、日本が戦争手段に訴えることを控えめに言っても容赦し、ときには是認する立場さえとる。この文脈からすると、パルがその支持層からしばしば平和の預言者とみなされているのは皮肉である。なぜなら、一方でパルは平和の理想を謳うが、他方でかれは、戦争を是認する主戦論者たることに躊躇しないからだ。

これと関連して注目されるのは、パルはまた、その冒頭陳述でジャクソンが前提とする国際法秩序を「観念的仮装」にすぎないと断罪し（『パル判決』上、四八六頁）、「平和的変更のための機構を準備せずに、たまたまそこに存在する現状を永久に続けようとする策」と批判を重ね、実質的に、国際法の総体を欺瞞に満ちたものとして峻拒している（『パル判決』上、四八六－七頁）。

このような主張――つまり、現在の国際秩序を「平和的」に変革する手段は、現行の国際法には何ら提供されていない――の論理的帰結とは何か。ひとくちでいうと、それは現行の国際秩序を変革させるためなら戦争という暴力を是認する、という立場である。ここに、あらためて「主戦論者パル」像が浮かびあがり、今後のパル論にも重大な意味をもつであろう。なお、中里『パル判事』は、ナショナリズムの機運で激動する現代ベンガル史の視点から「平和主義者パル」論にメスを入れた、本格的なパル研究を提供しているので、参考にされたい。

†預言者パル

右のように、法律問題や国際政治の諸問題を論じるパルは、自分が判事という制度上の役割を踏み超えていることを自ら認め、つぎのように記す。

> 社会的意識をさらに広める必要を説いたり現代世界の……諸問題の実際的解決策を説いたりすることが、裁判官たる本官の任務でないことは、本官も承知している。裁判官に与えられた仕事は、たんに法の定式化と分類および解釈にすぎないけれども、いまや国際関係は、すでに裁判官であっても、沈黙を守ることのできないような段階に到達しているのである。（『パル判決』上、三八三頁、傍点は加筆）

右の引用で、パルが自分の意見を「説いたりすること」と特徴づけているのは適切である。じつにパルは、自分をあたかも聖書に出てくる預言者のようにみなし、自分の生きる時代の不当性を、「判決」を著す機会を使って告発するかのようであった。

右の引用では、法的倫理上「説いたりすること」は判事の役割ではないと重々わかっていると言いながら、同時代の危機がかれに物を言わせざるをえないと力説する。つまるところ、東京裁判においてパルは、判事の衣を脱ぎ捨て、現代社会に憤激した預言者／批評家／思想家のペンをとったのであり、それを自覚していると公言してはばからない。そして、この「ペン」でもって、東京裁判所のみならず、ニュルンベルク・東京裁判所の基盤を形づくる国際法および国際政治体制の総体、裁判所を設立する措置をとった連合国、そして西欧諸国による植民地主義の歴史、といったものを批判した。東京裁判におけるパルの行動の意味は、そう理解することができよう。

†戦争の歴史的因果関係を強調

パルはその意見で、自分の審問が裁判所に申し立てられた起訴内容の枠を超えたところまで行く必要がある、とくりかえし述べ、諸外国から日本に対する「それ以前の行動」を審査しなければならないといった主張をしたのは、すでにみてきたとおりである。それに加え、しばらくあとにパルはつぎのように記している。

> 法の問題はある知的隔離区域、すなわち法理論ならびに紛争の局地的歴史のみを保留し、他はすべて強制的にこれを除外しているような領域において決定されるものではない。

紛争が発生する現場であるところのこの世界に関して無知であることはわれわれにはとうていできないことである。(『パル判決』上、四六九頁、傍点は加筆)

パルがここでいう「強制的に……除外」された他の事柄とは、諸外国による「それ以前の行動」に相当しよう。つまり、日本が戦争に至るまでの歴史的因果関係が不当に考慮から外された、とあらためて主張していることがわかる。

4 共同謀議の起訴内容

すでにみてきたとおり、パルは多くの頁を費やして、①現行の国際法のもと侵略は犯罪ではない、②侵略戦争に対して個人は責任を問われない、③支配の手段として戦争に訴えることを規制するような国際法は存在しない、と論じてきた。これで、平和に対する罪をめぐる主要な法律問題は解決されたということができる。よって、侵略戦争に関する起訴内容をめぐる考察は必要なくなったといえよう。パル自身、これ以上の論述がとくに求められないことを認め、つぎのように記している。

本官の法律に対する見地からすれば、本官が「厳格ナル意味ニオケル」戦争犯罪に関するもの以外の訴因について、本件の証拠の論を進めることはいくぶん不必要である。しかしながら、本官は本審理の全部を聴取し……事実について本官自身の意見に達したのであるから、それらの一部に関する本官の結論を簡単に述べたいと思う。(『パル判決』上、五三五頁、傍点は加筆)

右の引用でパルは、平和に対する罪の訴因についての結論は「いくぶん不必要」であるが、ここでもう一度結論だけ「簡単」に述べると宣言している。ところが、パルは結論を簡潔に述べるどころか、このあとさらに三五一頁(英文版)を費やして、共同謀議についてあらたな論を展開する。

その論述を三四〇頁ほどすすめたところで、ようやくもうひとつの結論に到達する。それは、つぎのとおりである。

しかしながら本官は、共同謀議自体はなんら国際生活上の犯罪ではないと考えるものである。(『パル判決』下、四七七頁)

侵略戦争は犯罪ではない、というのがパルのそもそもの見解なのであるから、なぜ侵略戦争を計画、開始あるいは遂行する共同謀議が犯罪かどうか考察する必要があるのか、ましてや、あらためて「判決」の数百頁を費やしてこの問題をとりあげて、いったい何になろうか。

ここでのパルの真意は、侵略戦争に関する論述同様、被告人が戦争の計画や遂行のための共同謀議に参加したかどうかといった、起訴内容を審議することではない。むしろ、歴史的に諸外国が国際秩序の支配権を確立してきたという、別の意味での共同謀議に話をもっていくことであった。実際パルは、つぎのように主張している。

起こったことを正しく評価するためには、各事件を全体におけるそれ本来の位置にすえてみて初めて、正しく評価することができる。これらの事件を生ぜしめた政治的、経済的な諸事情の全部を検討することを回避してはならない。

イギリス中心の世界経済秩序、ワシントンにおける外交工作、共産主義の発展とソビエトの政策にたいする世界の輿論、中国の国内事情、列国の対中国政策と実際の行動、日本の随時の国内事情のような諸事項に、本官が論及しなければならなかったのも以上の理由によるものである。(『パル判決』下、四六六頁、傍点は加筆)

「ソビエトの政策にたいする世界の輿論」や、「イギリス中心の世界経済秩序」、「ワシントンにおける外交工作」、および中国や日本の内政問題は、東京裁判所の審査の対象とされるべき法律問題の領域外である。にもかかわらず、パルはこういった国際政治の問題を論じることを、共同謀議に関する記述で重要事項とみなしたのである。

†過去の犯罪より将来の脅威を憂慮

こうしてパルは、一方では、平和に対する罪という法概念だけでなく国際法秩序そのものの正当性を否定し、また他方では、諸外国の行動こそ審議の対象になるべきだという立場を鮮明にしていく。しかし、ではパルは、具体的にどのような根拠から裁判の対象が日本よりもむしろ諸外国であるべきという立場をとるのか。この質問に対して、パルはつぎのように啞然とさせられる回答を提供する。

「真の究極の「証明スベキ事実」は、世界の「公けの秩序と安全」にたいする将来の脅威であろう。かような将来の脅威を判断する資料は、本裁判所には絶対にない。（『パル判決』下、七四一頁、傍点は加筆）

刑事裁判とは、その本質からいって、過去に犯された犯罪を案件とする。しかしパルは、右の引用で、世界秩序に対する将来の脅威をとりあわなかったからといって、極東国際軍事裁判に異議を唱えるのである。この一文から、パル意見の趣旨が東京裁判での起訴内容を審議することと何らの関係をもっていないことが、再度確認できよう。

パルが、その意見の最終部分「勧告」でつづけて主張するところによると、東京裁判で裁かれつつある被告人は、世界の病苦の真の原因でもなかったし、世界平和に対する真の脅威をもなさなかったのであるから、全員無罪と判定されなければいけないとする。しかし、連合国の指導者は裁かれなければならないとの立場をとる。とくに連合軍による原爆投下に言及し、「この恐怖をもたらした疑惑と恐れ、無知と貪欲を克服」する道を発見するために、平和を望む大衆が、費やそうとする尊い、わずかな思いを、裁判が使いはたしてしまうことは許されるべきではない」と述べる（『パル判決』下、七四四頁）。

結局のところ、パルがその意見で再構築しようとする戦争史とは、平和を愛好する日本が戦争を避けようと願っていながら連合国によって戦争に駆り立てられ、そしてその戦争が、連合軍による原爆投下で終わった、というものだった。つまり、戦争開始の責任もその破滅的終焉の責任も、日本ではなく連合国に帰するものであり、これが、世界の学ぶ教訓として、パル「判決」が究極的に提供しようとするものだった。

†「勧告」

こうしてパルは、戦争の真の責任は連合国にあると歴史がいずれ判断するだろう、という含意でその「判決」を終える。この歴史語りから、パルの判事ぶりが浮き彫りになる。くりかえしになるが、パル意見の本質は、各被告人の起訴内容に対する判定に詳細な理由を附す「判決」ではなかった。むしろ、自らを未来の預言者に任じ、戦後の世界秩序に関する広大なヴィジョンを描きだすことが目的であった。

さらに、東京裁判への参加により、世界政治と法秩序に関する壮大な論文を公表する場を取得したパルは、平和を望む大衆を現行の国際秩序の「妄想」から解放しようとしているのだ、とも「勧告」で宣言する。当該部分には、つぎのようなくだりがみられる。

現在、国際世界がすごしつつあるような艱難辛苦の時代においては、あらゆる弊害の源泉として虚偽の原因を指摘し、それによって、その弊害がすべてこれらの原因に帰すると説得することによって、人心を誤らせることのきわめて容易であることは、実に、だれしも経験しているところである。このようにして人心を支配しようと欲する者にとっては、いまこそ、絶好の時期である。復讐の手段に、害悪の性質からみて、それ以外に解決はない、という外貌を与えて、この復讐の手段を大衆の耳にささやくには、現在ほど適当なときは他にない。いずれにしても、司法裁判所たるものは、かような妄想に手をかすべきではないのである。(『パル判決』下、七四二－三頁、傍点は加筆)

おそらくパルは、ベンガル出身のナショナリストとして、西洋諸国による抑圧を肌で感じていた(くわしくは中里『パル判事』)。実際、その「判決」には、第二次世界大戦とその結末――つまり連合国の勝利――に対する痛恨の念が垣間みられる。

あるいはパルには、たとえ日本自体が植民地主義/帝国主義国家であろうとも、そしてたとえ多大な人的代価があっても、日本が戦争に勝っていれば西洋諸国に支配される国際秩序をくつがえすことができた、との期待があったのかもしれない。日本が戦争を計画し遂行し、アジア太平洋地域に大惨禍をもたらしたことは、厳然たる事実である。しかしパルは、その事実に苦悩するわけでもなく、むしろ、日本の敗戦により西洋諸国の世界支配が凝結し、連合国の原爆使用がそれをさらに強固とした現状に、憤激し警鐘を鳴らすようである。

東京裁判の判事となったパルには、実際の法廷審理の内容を変える力はなかった。しかし、パルは東京裁判に代わるもうひとつの裁判を想像し、現代世界に関する権威ある記述をその裁判のために著そうとし、将来の世界が「文明と悲惨との競争に勝つ」ことを祈願した(『パル判決』下、七四二頁)——そう理解することができよう。

5　戦争犯罪に関するパルの見解

ここまでの分析で、なぜ平和に対する罪に関して日本の軍や政府指導者は裁かれない、とパルが結論したのかは、かれの政治的あるいはイデオロギー上の信念から説明できた。しかし、ではパル意見にみられるもう一つの結論——被告人全員が通例の戦争犯罪に関しても無罪——は、どう正当化されるのだろうか。言うまでもなく、国際秩序の西洋国家による支配を終焉させる、というパルの祈願を達成するためには、植民地支配から解放されつつあるアジア太平洋地域の一般市民に対して、日本軍将兵が大規模な残虐行為を犯すことを必要としない。

パルは、平和に対する罪の論述に五一〇頁を費やした。それに対して、戦争犯罪に関する起訴内容の論述には九七頁を割くだけであった。本節と次節では、これらの頁でパルが何を論じているかをたどってみる。

個人責任は原則的に認めない

まず、パルによる戦争犯罪に関する起訴内容の取り扱いで指摘されるのは、刑事裁判では国家ではなく個人の責任問題を審査する、という基礎的な原則が無視されている点である。つまり、一刑事裁判所である極東国際軍事裁判所では、各被告人の個人責任問題を取り扱い、検察局は各被告人に対する起訴内容ひとつひとつについて、合理的疑いの余地なく有罪を証明しなければならず、弁護側はそれを反駁する権利がありそれを行使した。そして判事たちは、被告人ひとりひとりに対して、詳細な理由を付した判決を下す責任を負っていた。

ところがパルは、「日本」という国や、「日本政府」、「国家」といった集合体の無実の証明に熱心だった。たとえ被告人が、高次レベルで国策決定にかかわった文官だったり軍指導者だったりしても、パルは被告人を個人として扱うことを極力避け、むしろ責任を集合体に還元し、個人責任問題を審査するという裁判の本来の役割を曇らせている。

不都合な法理論や判例は無視

第二に指摘されるのは、パルによる戦争犯罪の起訴内容の扱い方は判事のそれというより、弁護側の代弁者の性質を帯びたものだった。東京裁判論者の一部からは、パルを法律の専門家だと賞賛する声があるが、通例の戦争犯罪に費やされた九七頁には、矛盾、非一貫性、証拠の割愛、といった特徴が顕著であり、パルが国際法の典拠や判例、主要な法理論をよく理解していないだけでなく、被告人にとって不都合な部分は無視するという傾向があきらかである。

†ニュルンベルク判決にみる文官の不作為責任

たとえばパルは、占領地における一般市民に対する戦争犯罪を論じるとき、起訴状の訴因第五五に適用された責任論――つまり、義務不履行を根拠に被告人に帰責する法理論（第一章に詳説）――が、ニュルンベルク裁判にはみいだせないといった主張をしている。当該部分はつぎのとおりである。

ゆえにニュルンベルグ《ママ》裁判は、現在本件に提出されている起訴状の訴因第五十五にふくまれているような訴追を考慮する必要がなかったのである、被告［人］中戦争犯罪に対して有罪と認められた人々は、本審理の起訴状訴因第五十四に訴追されているような残虐行為に自身参加したと認められたのである。（『パル判決書』下、五四八頁）

この結論は、被告人に無罪宣告をするには不都合な訴因第五五を排除しようとする、パルの戦略のひとつである。実際のニュルンベルク判決では、東京裁判の訴因第五五に相当する法理論の適用により、有罪判決がいくつか出されている。

そのひとつは、戦時中ドイツ政府の内務大臣をつとめたヴィルヘルム・フリックに関するものである。ニュルンベルク判決によると、フリックは「精神障害者、病人や老人、「無為の徒食者」が組織的に追いやられていることを知っていた。これらの殺人に関する苦情はかれに届いていたが、それらを止めさせる何らの処置もとらなかった」とある（IMT、第一巻、三〇一頁）。

経済大臣やドイツ帝国銀行総裁をつとめたヴァルター・フンクも、不作為責任で有罪となっている。法廷審理中フンクは、ドイツ帝国銀行がSSにより強制収容所の犠牲者から取りあげた貴重品の受託所になっているとは知らなかった、と主張していた。しかし、ニュルンベルク裁判所は、「裁判所の見解では、フンクは何が受領されているか知っていた、あるいは何が行われているかを故意にみないようにした」と判定し、フンクの弁明を退けた。さらにニュルンベルク判決によると、フンクは「かれが構成員をなす委員会が強制労働者の輸入を要求していたことを知っていた」ことから、かれ自身は直接参加しなかったものの、強制労働者の使用についても有罪とされたのである（IMT、第一巻、三〇六頁）。ヒトラー政権にて軍需大臣をつとめたアルベルト・シュペーアも、これに類する法的理由と事実認定で、ニュルンベルク裁判所から有罪宣告を受けている（IMT、第一巻、三三一―三頁）。要するにニュルンベルク裁判では、東京裁判の起訴状の訴因第五五と同様の不作為責任が適用され、政府高官の数人が有罪となっていた。しかし、パルはその意見でこの事実を曲げて伝え、あたかも東京裁判における不作為責任論が異例であるかのように論じている。

†戦争犯罪の事実は略述で済ませる

パルによる戦争犯罪に関する起訴内容の取り扱いで第三に指摘されるのは、被告人全員の無罪に至るパルの説明が、おどろくほど略述である点だ。

平和に対する罪とちがい、一般市民に対する戦時下の虐待や残虐行為が、戦争犯罪としてすでに確立された法的範疇であることに議論の余地はなく、パルもこのことには異議を唱えていない。そしてパルは、日本軍将兵が一般市民に対して戦争犯罪を実行したことも認めている。しかしパルは、戦争犯罪の実態について、概略的で不完全な考察をするだけで、証拠を軽んじるような扱いをする。

端的な例をあげると、パルは一般市民に対する戦争犯罪を考察するとき、まず「戦時宣伝」により虐待事件が誇張されたりする、という議論に四頁費やしている。そのうち二頁でパルは、南京で強姦に関する証言について、「誇張」された報告とかれがみなすものを例証する。そして、日本兵が犯したとされる強姦には、合意に基づく性交も含まれただろうなどの「疑念」(suspicion)を差しはさむ(『パル判決』下、五六〇、五六二－五頁)。もちろん、「疑念」とは、証拠を評価するなんら法的基準ではない。

パルはつづけて、証言の不正確さへの対策処置として「証拠を注意深く判断」する必要があると提案するが(『パル判決』下、五六五頁)、実際はその意見で、「証拠を注意深く判断」することを公然と怠る。

いくぶんか混乱させられることに、パルは南京での強姦を例にしつつ「戦時宣伝」が証言の正確さをどう捻じ曲げ得るか、という説明に四頁費やすのだが、そのあと、それでも日本軍将兵が南京で大規模な残虐行為を犯したのは厳然たる事実である、と述べる。当該部分を引用すると、つぎのとおりである。

これに関し、本件において提出された証拠にたいし［、］いいうるすべてのことを念頭において、宣伝と誇張をできるかぎり斟酌《しんしゃく》しても、なお残虐行為は日本軍がその占領したある地域の一般民衆、はたまた、戦時俘虜にたいし犯したものであるという証拠は、圧倒的である。(『パル判決』下、五六六頁、傍点は加筆)

右の事実認定により、南京事件に関する検察側立証の基盤となる部分が証明された、とパルがみなしたことになる。ところが最終的には、南京攻略を指揮した松井石根大将(中支那方面軍司令官)、その参謀副長をつとめた武藤章中将、そのほかに責任を問われた被告人を、パルは関連する証拠をくわしく説明することなく一律無罪にしている。

†一般市民に対する戦争犯罪の記述は一〇頁のみ

パルはやがて、戦争犯罪が発生したとされる太平洋地域のさまざまな場所や事件のリストを一〇頁使って列挙するが、そのリストは、なぜか一九四四年一〇月どまりである。検察側が告発した日本軍将兵による残虐行為は、占領地各地で一九四四年一一月とそれ以降も起こったことが含まれているにもかかわらず、である。パルは、この時間的な限定づけを説明せず、ただつぎのように宣言している。

本官は一九四四年十一月以後に起こった諸事件を詳細に説明するを要しない。この期間に起こったいくつかの事件がわれわれのまえにあげられているが、たしかにそれは残虐な非行であった。（『パル判決』下、五八九頁、傍点は加筆）

実際、被告人のうち多くは「一九四四年十一月以後に起こった諸事件」について個人責任を問われていたので、パル自身のいう「証拠を注意深く判断」することが必要であった。しかし、パルは何らの説明もしないまま、それら「諸事件」が一体何なのかをこの時点であきらかにしなかった。

ところが、話はさらにややこしくなるのだが、右のごとく「一九四四年十一月以後に起こった諸事件を詳細に説明するを要しない」と宣言したにもかかわらず、パルは「判決」のあとのほうになって、一九四五年にフィリピンの日本軍将兵が犯した大規模な戦争犯罪に触れる。これは後述する。

†事例──「シンガポールおよびマレー」での戦争犯罪に関する記述

では、犯罪の場所と事件を列挙した一〇ページでパルが何をしたかというと、「証拠を注意深く判断」する作業ではない。むしろ、法廷審理であきらかになった戦争犯罪事件をできる限り略述し、一切の詳細は割愛、そして、被告人にとってとくに不都合になりかねない事件には言及しないことである。その事例をみてみる。
一例として、「シンガポールおよびマレー」で起こった戦争犯罪の記述があげられる。ここでパルは、たった一文で記述をすませる。その全文はつぎのとおりである。

第一期に六件、第二期、第三期になし、第四期に四件、および第五期、第六期、第七期を通じて一件あげられている。(『パル判決』下、五八三頁)

占領下ジャワに関係する戦争犯罪の起訴内容について扱うときも同様である。パルの記述は、つぎの一文だけである。

一九四二年三月十二日から始まり、一九四五年八月に終る全七期間を通じて起こった十四の事件があげられる。(『パル判決』下、五八二頁)

なぜパルは、このように極端な略述ですませたのか。おそらく、その「判決」で被告人全員の無罪宣告を下すことに固執するパルは、通例の戦争犯罪に関して不都合な証拠を「注意深く判断」したくなかったのであろう。

ちなみに、シンガポールには戦後すぐ、英領東南アジアで発生した戦争犯罪を捜査する本部が置かれ、そこでは一三一件もの戦犯裁判が実施された。イギリス当局はシンガポールで日本軍が犯した戦争犯罪を重視し、その記録を広く収集、それらは当地の戦犯裁判で証拠として提出された。日本軍当局が戦時下に犯した大規模かつ組織的なふたつの残虐事件はとくに関心を集め、シンガポールは、それらの事件を裁く地ともなった。「双十節《そうじゆうせつ》事件」がそのひとつだ。これは、占領期に憲兵隊が敢行したシンガポール市民に対する拷問事件である。もうひとつは一九四二年二月半ば、シンガポール陥落直後に、何千人ものシンガポールの華僑市民が、反日の可能性があるとの理由で日本軍当局によって補えられ、少なくとも五〇〇〇名がチャンギ・ビーチその他の場所で集団処刑された事件である。

こうした事件は、英軍当局による戦争犯罪捜査で記録が確保されており、戦後すぐ日本政府当局が実施した調査でも事実と確認された。日本政府側による調査書も含め、一九四六年までに収集できた戦争犯罪の証拠は、東京裁判のイギリス代表検察チームにもわたり、東京裁判での立証に利用された。これらの犯罪事実は、パルの巧妙さをもってしても言い抜けることのできない厳然たる戦争犯罪の事実であった。そのためであろう、パルは、これらの事件に一切言及しない挙にでたのである。この処置は、パル自身が肝要だという「証拠を注意深く判断」するのを怠ったことを示すだけではなく、パル意見に深刻な方法論上の欠陥および公平性の欠如があることを教えてくれる（敗戦直後に日本政府が作成した戦争犯罪調査書は、『戦争犯罪調査資料』に復刻されている）。

なお、連合国各国による戦犯裁判（いわゆる「BC級戦犯裁判」）においては、被告人が犯罪の事実を認めることが少なくなかった。そんなとき多くの被告人は、自分自身は犯罪を実際に遂行した者ではない、あるいは上官命令に従って行動した、と弁明した。BC級戦犯法廷の抗弁にみられる当の「上官」とは、日本政府や陸海軍首脳の構成員の場合もあり、東京裁判の検察局が利用したBC級戦犯裁判関係の証拠には、中央政府の犯罪認識や命令を裏づけるような証拠が含まれていることもあった。この見地から、各国戦犯裁判のために集められた証拠――とくに上官命令の抗弁に関するもの――は、東京裁判で重大な意味をもったが、そのような証拠は、パル意見では何ら重視されなかった。

このようにパル意見は、戦争犯罪の証拠を軽んじるような傾向が顕著である。とはいえ、一〇頁にわたる事件の列挙からパルが導き出す結論は、「それらは戦争の全期間を通じて、異なった地域において日本軍により、非戦闘員にたいして行われた残虐行為の事例である。主張された残虐行為の鬼畜のような性格は否定しえない」であった（『パル判決』下、五八九頁）。

†連合国をナチス・ドイツに比す

けれどもパルがつづけて論じるには、被告人は誰ひとりとしてその「鬼畜のような性格」の戦争犯罪を命令したとは証明されなかった、という。また、被告人は誰ひとりとして「これらの残虐行為の遂行に、なんら明らかな参加を示していない」とも述べる（『パル判決』下、五九〇頁）。

右の記述で注目されるのは、パルが故意に責任論の争点をぼやかしていることだ。第一章でみてきたとおり、起訴状にはさまざまな責任論が展開されており、訴因第五五では不作為責任が問われていた。その訴因との関連で争点となるのは、被告人が犯罪の直接の実行者や参加者だったかどうかではない。むしろ、日本軍将兵による犯罪遂行の情報を得つつ、そうした行為の継続を許容したか、あるいはそれを防止する何らの措置もとらなかったか、である。

こうしてパルは、不作為責任論を無視し、そのかわり戦争犯罪の命令や参加の証拠がないとの理由で、被告人の無罪を主張する。そしてパルは、突如批判の矛先を連合国に向ける。原爆の使用をとくに引き合いに出し、第一次世界大戦期のドイツ帝国による破壊行為や、第二次世界大戦期のナチ政権の大残虐行為に匹敵した行動をとったのは、日本よりも連合国であると主張する(『パル判決』下、五九一—二頁)。

このように、パル意見の通例の戦争犯罪に関する記述は、分析的厳格さと法的審問の重要さにまめまめしく言明することから始まったが、究極的にそうした記述は、ナチ政権や連合国に比べれば日本指導者は無罪放免とされて当然、と主張をするための一種の状況設定にすぎなかった。もちろん、受理された証拠について「注意深い証拠の判断」をする作業については、パルはそれを全く実践しないままであった。

†各被告人の個人責任は審査しない

ここまでの論述でパルは、日本政府や軍指導者は、一般市民に対する戦争犯罪について無罪、との結論に至り、この問題にこれで一区切りがついたことになる。

ところが、パルはここであらためて南京事件、つづけて中国全域における戦争犯罪、そして最後にフィリピンにおける「レイプ・オブ・マニラ」を考察しようとする。これは、パル意見に首尾一貫した構成が欠如していることを示すもうひとつの例であるが、パルはその考察の終わりで、結局は全員無罪の結論にたどりつく。そこまでの論をしばし追ってみよう。

検察側は法廷審理中、南京などで日本軍将兵が実行した戦争犯罪について、日本の指導者は知りながら、防止する何らの実質的な努力としなかったと主張し、この主張を裏づける証言や証拠文書を多く提出していた。パルはまずはじめに、こうした検察側の主張をとりあげ、「法廷記録にある証拠がどの程度立証するかを検討してみよう」と述べる（『パル判決』下、五九八頁）。それと前後してパルは、対象にしたいくつかの証拠に言及し、「さきにあげた証拠は、南京残虐行為の報告が東京の政府に達したことを明らかに示すものである」と認め（『パル判決』下、五九七頁）、また、「南京における日本兵の行動は凶暴であり……残虐はほとんど三週間にわたって惨烈なものであり、合計六週間にわたって、続いて深刻であったことは疑いない」とまとめる（『パル判決』下、六〇〇頁）。パルはこうして、検察側の立証要件で重要な点――①南京で起こっている日本軍将兵による残虐行為を日本政府が認識していた、②日本軍将兵による残虐行為が長期にわたった――を認めた。

そこで、パル意見では以下、この事件について各被告人がどのような義務を負い、何を知り何をしたか、証拠をくわしく審査するだろうと予測される。ところがパルは、それをやらない。そのかわり南京事件から注意をそらし、中国におけるその他の戦争犯罪に目をむける。その結果、南京事件に関する各被告人の責任問題をとりあげないままにするのであった。

パルの関心が、中国の他の地域で犯された戦争犯罪に向けられたことから、では南京事件ではなくて、それらに関する証拠をパルが審査するだろうと期待されよう。ところがパルは、証拠不十分として責任問題をとりあげない。そしてフィリピンに目を転じるが、そこでもパルの処置は同様である。とくに悪名高く膨大な記録のある「レイプ・オブ・マニラ」事件については、日本軍は将兵を統制しきれなくなっていたので上官は責任を問われないと弁明するが、その根拠は示さない。

右の一連の記述は、パルが弁護側を偏重し矛盾に満ちた論を展開していることを端的に示す、もうひとつの例である。

6 戦争犯罪に対する個人責任についてのパルの論

こうしてパルは、被告人に関連性のある証拠の考察を極力避けたのだが、そのため、この時点のパル意見は、各被告人の最終判決を下す十分な根拠をいまだ示せていない。

†政府高官に適用される責任論はぼやかす

そのような欠点を認識してか、パルはここで被告人のうち一六名の旧政府高官の名前を列挙する。そして、政府高官を無罪とするために適用する実質的な理由とみられるものを、ここでひとつあきらかにする。当該部分の引用は、つぎのとおりである。

> 本官の見解によると、かれらは閣僚として戦地における軍隊を管理する義務をもたず、かような管理を行う権限をもたなかった。(『パル判決』下、六一〇頁)

つまり、閣僚を含めた政府高官は、そもそも軍を管理する義務も権限も有していなかったので、責任が問えないという立場である。つづけてパルは、政府は戦地の軍司令官に軍隊の統制を任せるのは当然と述べる。つまり、政府高官については戦争犯罪の責任を問う何らの根拠がないとするのであった。

しかし、ここでパルに問われるのは、他国に攻め入り占領する決定に参加した日本政府の高官が、なぜ自国の軍隊による大規模な残虐行為を防止する義務を負わないか、である。政府には、自国軍が戦時下に国際法を遵守することを確保する法的義務があるのではないか。たとえ政府が戦地の軍司令官らを信用していたとしても、もし当の軍司令官たちが国際法を尊重する義務を怠ったと知った場合、もっとも高位にある政府や軍当局に何らかの義務は生じないのか。パルは、これらの問いに答えない。そのかわり、残虐行為の事実を知った場合の政府高官の義務、という本質的な問題の議論を避ける様子である。

ただし先に触れたとおり、パルは不承不承《ふしょうぶしょう》ながら、日本の内閣やその他の機構の構成員が南京での残虐行為に気づいていたとは認めた。また、「死の鉄路」で知られる泰緬鉄道建設における捕虜の死亡率の高さや非人道的な労働事情を、中央政府の高官が知り議論していたことも、パルは別途認めている（後述）。

この文脈から、政府高官に軍管理の義務や権限がないという議論では、パル自身もおぼつかなく感じたのかもしれない。というのは、一般市民に対する戦争犯罪に関する記述の結論の部分に、パルはつぎのような不可解な文を添え、あたかも戦争犯罪に対する責任問題をこれで一掃しようとするかのようであるからだ。

戦争は地獄である。もし閣僚をかような諸事件のために裁判し、処罰するとしたら、平和を地獄とせしめるといったのはおそらく真実であったかもしれない。（『パル判決』下、六一〇－一頁、傍点は加筆）

右の一節が一体何を意味し、被告人を裁くことと一体何の関連性があるのかは、熟考に値しよう。

捕虜虐待に関する責任の所在

一般市民に対する戦争犯罪に関する論を展開したあと、パルは捕虜に対する戦争犯罪の問題に目を転じる。まず、捕虜の処遇について日本は戦争法規に拘束されないと主張するが、だからといって、捕虜虐待が免責されていいというわけではないとも認める。つづく論述では、パルはあたかも自分自身が被告人の代弁者かのように、検察側の立証内容について論駁しようとする。ここでは、被告人全員無罪を主張するためにパルが展開した主要な論に光を当ててみる。

「孤立」論と「行過ぎ」論

日本軍による捕虜虐待が遍在したという検察側の圧倒的な証拠は、被告人全員を無罪にしようと決しているパルにとって重大問題であった。

被告人の責任を問うた検察側の立証――そして多数意見の判定――は、事実問題に関する二つの重要な柱に支えられていた。すなわち、①捕虜虐待は日本軍の将兵によって戦線各地で実行された、②日本政府は海外からの苦情を頻繁に受けとり、また政府組織内の報告や協議などにより、閣僚やその他の被告人は、こうした行為が恒常化していることを知っていたかあるいは知っていたはずだった、であった。

パルには、膨大な記録の残る捕虜虐待事件については、それらの事実を否定することはできなかった。そこで一方では、何ら正当な根拠を示さずとにかく却下する、という乱暴な処置にでた。そして他方では、「孤立した事件」とか「現地将校の行過ぎ」といった表現により、記録された残虐事件がきまぐれに起こった事件であるかのように扱い、政府や軍指導者の責任を否定した。

たとえば、「バターン死の行進」は、「実に極悪な残虐である」とは言いながら（『パル判決』下、六七一頁）、バターンからの捕虜移送中に日本軍将兵による非人道的扱いが恒常的であったという証拠があっても、これを「残虐行為の孤立した一事例」と類別している（『パル判決』下、六七二頁）。

同様に、泰緬鉄道と関連して数年にわたって行われた捕虜虐待や残虐行為についても、「惹起された不幸なできごとは大部分現地係将校の職務上の行過ぎの結果」とまとめて却下している（『パル判決』下、六八二頁）。パルは、「行過ぎ」という言葉を何度もくりかえすほか、シンガポールの捕虜収容所の所長だった有村恒道少将の「悪質な性格」を責める（『パル判決』下、六八三頁）。

泰緬鉄道における死亡率や強制労働の状況の記録は、当時すでに包括的なものが存在し、戦後に日本政府当局が実施した調査書も含め、証拠として受理されていた。圧倒的な証言や文書証拠を前に、パルはそれらを却下しようとはしなかった。むしろ、何万人もの捕虜労働者を使った長期にわたる組織的虐待があったと認め、また、捕虜状況を中央政府が熟知していたことを裏づける文書にも言及した。しかしパルは、この大規模な戦争犯罪事件を、現地将校や技術者の「行過ぎ」による孤立した事件と特徴づけることに熱心であった。

†弁明の手段としてのBC級戦犯裁判

捕虜虐待事件を被告人に無関係であると論じるためパルが用いた手段が、あと二つある。ひとつは、連合国による各国戦犯裁判で責任問題はすでに解決されたと主張し、よって、東京裁判の被告人に問われる責任問題はないとの立場をとることである。当該部分を引用すると、つぎのとおりである。

この証拠を詳細に論ずることは、なんの役にも立たないであろう。これらの残虐行為の実行者はいまここにいない。かれらのうち存命中で逮捕された者は、連合軍によって適当に処分されている。(『パル判決』下、六二四頁)

そしてパルは、東京裁判における被告人を無罪とする立場を、つぎのような論により正当化する。

われわれがここにおいて関心をもっているのは、右とは全然別個の人間たちなのである。これらの者たちがこの不法行為または職務上の行過ぎを予知すべきであったとわれわれにいわせるようなものは、なんらわれわれに提出されておらない。(『パル判決』下、六八四-五頁、傍点は加筆)

右の引用でパルは、争点となる法律上の重要問題が、あたかも被告人がこれらの行為を「予知」できたかどうかであったような記述をしている。しかし、問われているのは「予知」できたかどうかではない。捕虜虐待の事実を知ってから各被告人は、それらの続行を防止するため何をやったか、である。

また、各国裁判において処罰されたから云々という右の主張は、極東国際軍事裁判所により裁かれつつある被告人への帰責問題が、それらの裁判であたかも帳消しにされるかのような論調である。しかし、各国裁判の処罰は、東京裁判における被告人の帰責問題とは別件である。

†ニュルンベルク継続裁判の事例――高位を占める者ほど大きな責任を有する

一般論として、軍組織に適用される責任の基本原則と、政府機構といった階層組織に適用されるそれとは同様であり、責任は上方へ向けられる。すなわち、権限をもつ者の地位が高ければ高いほど、付随する責任はより重大となる。

この原則は、ニュルンベルク継続裁判のひとつである「国防軍最高司令部裁判」の判決で明示されている。当該部分によると、最高軍司令部の将官らは、戦争の政策を形成したり実行するという行動に対して相応の責任なくしては、「高い階級や地位を占め、第三帝国や千年帝国の公式の恩顧《おんこ》という輝かしい陽光に浴しなかった」のである（NMT、第一一巻、五一五頁）。

パルが各国裁判との関係で展開した論によると、国策を作成し部下の行動を指揮あるいは監督した軍司令官や政府高官は、配下にある者がすでに罪に対する償いをしたから責任を逃れられる、ということになるが、この見解には何らの法的根拠がない。

それにパル意見には、「俘虜の虐待が各種の方法で行われたことを立証する証拠は圧倒的」と、虐待の組織性を認めるくだりがみられる（『パル判決』下、六二四頁、傍点は加筆）。その結果、一方では政府や軍指導者の責任追及を否定しながら、他方ではそのような追及を可能にする事実認定上の基盤を提示する、という自己矛盾に陥っている。

†虐待は日本人の「国民的」要素論

パル意見を読んだ限りでは、パル自身が右の矛盾を自覚していたのかどうかはわからない。ただし、パルはつづけて被告人のために追加の弁明を提供する。それは、日本人には、連合軍捕虜のみならず自国兵をも虐待することが文化的に内在する（『パル判決』下、六四二－五頁）、というものである。これは、不可解なばかりでなく、法的に見当違いな意見である。

パルによると、証拠にみられる組織的虐待行為は、「共同謀議者団の措置ではない」のであって、それはむしろ「日本人の国民生活と終始一貫したもの」と主張する（『パル判決』下、六四二頁、傍点は加筆）。つまり、捕虜虐待は政府の許容や政策ではなくて、日本人文化論で説明される、というのであった。しかし、パルが無罪放免にしようとしている政府や軍指導者は、「日本人の国民生活と終始一貫した」文化的性癖を共有していたのであろうから、そうした性癖は、かれらの決定、政策、態度、行動をも特徴づけていたことにもなろう。そして、もし政府や軍の高官が連合軍捕虜に対する侮蔑を共有していたのならば、そのような態度が生みだした捕虜虐待に対して、かれら自身の個人責任が問われなければならない。なぜなら、政府や軍指導者の立場にあった被告人の少なくとも一部は、捕虜管理政策について、諸機関を統制あるいは監督する法的責任を負っていたからである。

†「国家の行為」論とその意味

こうしてパルは、戦争犯罪について被告人を無罪にするため、ありとあらゆる論を駆使するが、最後にもう一つの論を採用している。それは、「主権の行為の原則」にたちかえることである。具体的には、パルは連合軍捕虜の殺人に関する責任問題を論じるとき、そういった捕虜に対する犯罪行為は、「たんなる国家の行為となるのである」と述べ、つづけてつぎのように記述する。

本官は、どの被告にしてもこれらの行為にたいして罪があると判定しようとは思わない。これらの規定によると、逃走俘虜の処罰もまたたんなる国家の行為である。(『パル判決』下、六六九頁、傍点は加筆)

右の論でパルは、捕虜に対するこれらの特定の行為を、なぜ「国家の行為」とみなすべきなのか、何らの道理に基づいた説明を提示しない。

しかし、右の論で最も致命的な欠陥は、特定の行為を「国家の行為」と称することである。なぜなら、犯罪が「国家の行為」から結果したというならば、先に主張していた「孤立」論も「行過ぎ」論も無効になってしまうからである。つまり、長期間にわたり捕虜管理体制に適用された「国家の行為」とは、つまるところ、政府の政策や決定を指し示すのであって、「個人的資格において」実行された孤立した事件でも行過ぎでもない。このように、被告人全員の戦争犯罪についての全員無罪を主張するパル意見は、とうとう自己矛盾の極みに達したのである。

7 まとめ

本章では、パル意見がなぜ、レーリンクやベルナールの著したいわゆる反対意見とは、何らの関係もないのかをあきらかにした。

主な論をまとめると、パルは東京裁判の判事になるよりも、起こるべきだったと自ら信じる別の裁判を主宰する判事になることを指向し、その起こるべきだった架空の裁判のために、「判決」を著した。その架空の裁判では、法ではなく政治が争点であり、世界平和に対する「将来の脅威」が裁かれた。そして、その裁判では、パルの視点からすれば見せかけだけの国際法の規範にも、同僚判事らによる無意味な法律論にも、パルは縛られる必要がなかった。そのかわり、より大きな政治や歴史問題をパルは自由に考察し、日本国家指導者のかわりに連合国を被告人席においた「審理」をすすめた。おそらく、パルが他の判事たちの意見を完全に無視し、そのような行為を自己正当化してはばからないのは、自分のみが次世代に「真実」を伝える歴史的使命を果たす真なる判事と信じて疑わなかったからであろう。

こうしてパルは、将来の世界の福利のためという独善性のもと、判事としてのもっとも基本的任務を放棄し、東京裁判の「判決」でも「反対意見」でもないものを著して後世に残した。これが、パルが東京裁判について残した遺産であった。

第三章

レーリンク判事

――極東国際軍事裁判のもうひとりの英雄か?

広田弘毅(前列中央)〔アメリカ公文書館FE-238〕

1　はじめに

レーリンクは従来の東京裁判論において、パルが得てきた英雄的地位は獲得しなかったが、反対意見を著したことから、多数意見を退けた勇気ある人物のランクづけで第二位の位置をしばしば認められている。またレーリンクは、パル評の場合と同じく、東京裁判に任じた他の同僚判事より国際法に関する広い理解があった法学者、とも伝えられる。そのような賞賛を受けながら、レーリンクが展開した法律学は分析の関心をあまり集めなかった。本章は、「レーリンク評」を展開するうえで不可欠なレーリンク意見の分析を試みるものである。

†ニュルンベルクにおける外務省高官の有罪事例

レーリンク意見を取り扱うことは、さまざまな視点から重要である。第一に、レーリンク意見の分析を実施することにより、東京判決をめぐる従来の批評の多くが、実際に受理された証拠や法廷で展開された法理論、あるいは判決が依拠する理由づけの客観的な分析に依らず、むしろ裁判を論じる者自身の政治的立場を反映していることに、あらためて光を当てることができる。

第二に、レーリンクはその意見で、多数意見が広田や重光らに対して下した有罪判決に異議を唱え、かれらの無罪を主張したが、その部分のレーリンク意見が従来の東京裁判論でとくに評価され、文官を有罪にした東京判決は特殊な逸脱とみられている。しかし、そういった評価から浮かび上がるのは、ニュルンベルク裁判と東京裁判とのあいだでダブル・スタンダードを適用するレーリンクとその支持者の姿である。というのは、戦時中ドイツ政府の外務大臣をつとめたヨアヒム・フォン・リッベントロップや、外務副大臣エルンスト・フォン・ヴァイツゼッカーは、ニュルンベルク裁判所とニュルンベルク継続裁判所によりそれぞれ有罪判決を受けており、これらの裁判所で適用された基準では、広田や重光が有罪になっていたことは疑いがないのである。東京判決を批判する者の多くは、ニュルンベルクの責任の基準を東京裁判に適用した場合、各被告人の判決がどうなっていたかということを、ほとんどあるいは全く考慮してこなかった。

†レーリンクが反対意見に至った経緯の謎

レーリンク意見は、複雑かつ興味深いものであり、その中心的特色のいくつかを理解するためには、慎重な分析が求められる。

一九四七年一月二三日付けのレーリンクからウェブ宛の覚書によると、レーリンクが当初は、裁判所の判決はひとつのみで反対意見はあるべきではない、というウェブの見解に賛同していたことがわかる（NAA M1417 Item 24）。ところが周知のとおり、実際は反対意見を著した。

ウェブ宛の別の書簡でレーリンクは、裁判当初から反対意見を書く意図を伝えていたパルに暗に言及し、自分が反対意見を書く可能性を正当化していた。この書簡でレーリンクは、反対意見を書かないことがより好ましい慣行だとは言う。しかし、「これが、裁判所の構成員のひとりが反対票を投じると主張する理由から不可能になる場合は、わたしは自分自身の判決を書く準備があります」と述べる。ただし、レーリンクはこの発言に但し書きを付記し、判事に宛てた覚書では「論を強固にするために必要とした引用」をしているが、個別意見を書く場合、そういう引用のない「短いものとなるでしょう」ということだった（AWM 3DRL 2481/20）。

ところが結局は、レーリンク意見は短くもないし引用なしでもない。ボイスターとクライヤー（編）の刊行資料では、一二八頁からなる。

このような意見を書くに至った経緯は何なのか。そして、レーリンク意見の真意は何なのか。本章では、これらの疑問に対する答えをさぐる。

†レーリンク意見の一大パラドックス

また本章では、レーリンク意見の中核にみられるひとつの目立った矛盾に光を当てる。一方でレーリンクは、右に言及した一九四七年一月二三日付け覚書で、侵略戦争は裁判所の管轄の犯罪を構成せず、なぜなら国際法は侵略戦争を犯罪として認めず、また認めるべきでもないといった論を詳細に展開している。しかし他方で、レーリンクは覚書に記したものと全く同じ証拠と論述を反対意見に提示しつつ、国際法は被告人を侵略戦争の罪で裁くことを認めるという、まったく正反対の結論に到達している。この二つの相容れない見解は、レーリンク意見自体に解消されずにそのまま書き表されている。これがレーリンク意見の一大パラドックスである。本章では、レーリンクがこの矛盾をどう正当化したのかをたどり、そしてまた、なぜこのような矛盾にそもそも至ったのかを考察する。

†バラバラな構成のレーリンク意見

レーリンク意見は、ひとつの首尾一貫した統一体ではなく、あきらかに独立した三部がたんに縫い合わされた構成になっている。

初めの部は、裁判所が直面した一般的法律問題のいくつかを取り扱っているが、ここでは、レーリンク意見が全体で三部構成になっているとか、この初めの部が第一部を構成するなどの何らの説明もなされていない。初めの部は、「序論」と題された節ではじまり（一頁）、「管轄権」と題された節がつづき（三頁）、そして、「不作為の責任」と題した節を提供する（六七頁）。ここの「序論」は、ふたつの短い段落だけで構成され、あたかもレーリンク意見全体の序言のような感を与えるが、実際はそうではない。

つづく部は、「第二部」と命名されてはおらず、初めの部とは別個の新規な意見の形式をとる。すなわち、この部はまず、「事実に関する考察」という題と、目次ではじまる（七六頁）。そして、題と目次に引きつづき、もうひとつのごく短い「序説」がはじまる（七八頁）。「序説」につづく諸節では、中国および後に太平洋で戦争が勃発するまでの出来事や、大東亜共栄圏その他の事項に関する弁護側の主張について、長く詳細にわたる記述を提示している。このふたつめの部の末尾には一九件の付属書が付され、これでようやくレーリンク意見がその終結点に到達したかの印象を与える。しかし、そうではない。

一九件の付属書にひきつづき、「各個人に対する判定」と題した部が、あらためてはじまるのである（二〇三頁）。この部は、その題名から各被告人に対する判定をするのだろうと期待されるが、実際は、無罪にされるべきだとレーリンクが考えた被告人五名のみに論が集中している。残りの被告人については、レーリンクは有罪判決自体には異議がなく、ただし量刑についていくつか異論があることを宣言するのみであった。

こうしてレーリンク意見は、内容上いくばくかの整合性はあるものの、全体として相互に独立して書かれたバラバラの三部からなる。本書でみていくとおり、この構成は、レーリンクがその意見で何を達成しようとしたか、そして、反対意見の真意がなんだったのかを知るうえでの重要な手がかりを提供している。そして、レーリンクが裁判当時に同僚判事ら——とくにウェブ——と交わした覚書や書簡、また、かれがオランダ政府外務省とのあいだに頻繁に交わした書簡も、レーリンク意見の質およびレーリンクの判事ぶりを判断するための、さらなる鍵を提供してくれる。本章では、これらの文書もレーリンク意見と合わせて分析の対象とする。

2 裁判所憲章をめぐる問い

レーリンク意見の初めの部は、「管轄権」と題した節が、その主要な論述を構成している。この節でレーリンクは、つぎに要約されるような三つの法律問題を取り扱っている。

- 裁判所が適用する国際法に関して、極東国際軍事裁判所憲章は判事に拘束力をもつか。

- もし裁判所憲章が拘束力をもたないとすれば、それでも憲章に包含される侵略戦争に関する法理論は現行の国際法に適合し、それでもって、侵略の罪について被告人に刑事責任を問えるか。
- もし、被告人が戦争を遂行していた当時の国際法で侵略の罪が認められていなかったとすれば、それでもそのような行為を犯罪とみなし、被告人に責任を問うことを適法とする法的基盤はあるか。

以下、レーリンクがこれらの問題をどう処理したのかをたどり、この「管轄権」の節でレーリンクが何を論じたかを考察する。

†第一の問い――憲章は裁判所に対して拘束力があるか

レーリンクは、まずはじめに多数意見に言及し、「裁判所はその裁判所条例［憲章］によって拘束されている」という多数派の立場を批判、自分がその立場に対して異論をもつことを鮮明にする（三頁）。

そしてレーリンクは、ただしニュルンベルク判決の場合、裁判所憲章が国際軍事裁判所に拘束力をもつと言明されていたことに触れ、しかし、ニュルンベルク裁判所が実際そうみなしたはずがないという。というのは、レーリンクによると、「連合国の名において定められた裁判所条例は、たとい現行の国際法を無視した場合でも、裁判所を拘束するという趣旨であるとしたら、それは驚くべきことであろう」と言えるからだという（四頁、傍点は加筆）。ここでレーリンクは、憲章に含まれた規定の合法性に自分が懐疑的であり、それを審査する権限が裁判所にあるはずとの立場をとり、さらにニュルンベルク裁判所も同様に考えたはずと主張し、憲章が裁判所に厳に拘束力をもつとニュルンベルク裁判所がみなしたはずはない、というのであった。

しかし、当のニュルンベルク判決には、裁判所の管轄権のただひとつの法的根拠をなすものとして裁判所憲章の地位を確認する句が散見され、ニュルンベルク裁判所はレーリンクの推定する立場を全然とっていなかった。

端的な例をあげると、ニュルンベルク裁判所は「これらの規定は、この件に適用される方として裁判所に拘束力をもつ」と言明している（IMT、第一巻、一七四頁、傍点は加筆）。つぎのようなくだりからも、ニュルンベルク裁判所の見解があきらかである。

裁判所の管轄権は、［ロンドン］合意と憲章で定義され、裁判所の管轄権内で個人責任が問われる犯罪は第六条に述べてある。憲章の法は裁判所にとって決定的であり拘束力

をもつ。（ＩＭＴ、第一巻、二一八頁、傍点は加筆）

これらの記述から、裁判所憲章に対するニュルンベルク裁判所の見解が何たるかは、レーリンクにも明白であるはずだった。

右に引用した部分につづけてニュルンベルク裁判所は、現行の国際法のもと侵略戦争がどのような地位にあったかを論じるが、それは、レーリンクがその意見で主張するがごとく、「ニュールンベルクの判決も……憲章に言及される犯罪が国際法に従った犯罪かどうかという問題を考慮して来た」からではない（五頁）。ニュルンベルク裁判所は、憲章に対してそのような問いかけは一切していない。そのかわり、裁判所憲章が適用法であることを、あたらめて確認している。ニュルンベルク判決で当該部分は、つぎのとおりである。

侵略戦争や国際条約に違反した戦争を計画あるいは遂行することを憲章は犯罪とし、よって、ロンドン合意が施行される以前に侵略戦争が犯罪だったかどうか、あるいはどの程度そうみなされたかを考慮することは、厳密には不必要である。しかし、関係する法の問題の重要性を鑑みて、裁判所は検察側と弁護側の論をすべて聞き、この問題について意見を述べる。（ＩＭＴ、第一巻、二一九頁、傍点は加筆）

つまりニュルンベルク裁判所は、裁判所憲章の合法性とその拘束力に何らの議論の余地があるとは考えず、ただし、不必要ながらも「問題の重要性を鑑みて」、裁判所の意見を提供しようというのだった。

†ニュルンベルク判決を曲解

レーリンクによる右のようなニュルンベルク判決の曲解は、レーリンク意見の初めの部に含まれる節「管轄権」全体の基調をなしている。どうやらレーリンクは、ニュルンベルク裁判所の判定を誤って伝えることにより、裁判所憲章をなんとか裁判所の審査対象の地位に引き落としたいようである。

実際レーリンクは、判事たちが裁判所憲章を審査し立法する権限があるとみなしていた。というのは、一九四八年二月五日付けのウェブ宛覚書でレーリンクは、「裁判所は、ここでは法を作ります。そして、どの立法者にもいえるごとく、その法の結果がどのようになるかをわかっていなければなりません」と述べている（AWM 3DRL 2481/20、傍点は加筆）。この覚書から、レーリンクが裁判所憲章の立案者の権限を疑問視し、むしろ裁判所の判事たちが立法者の地位に置かれるべき、とみていることがうかがわれる。

レーリンクは反対意見そのものでも、適用できる法を決定するのは判事たちという立場をとっている。その考えを端的に示す例は、「このような裁判所が殆んど事実の認定だけのためだけに開廷されたとすれば、それはまったく驚くべきことである」という発言である（六頁、傍点は加筆）。また、レーリンクは裁判所の権限についてつぎのように記す。

本裁判所は、裁判所条例［憲章］によって、「審理し処罰するの権限」（第五条）を与えられているのであるから、これらの事実のうちのどれが国際法による犯罪であるかどうかを決定するものである。これは一般国際法の原則から当然そうなることである。（六頁、傍点は加筆）

右の引用でレーリンクは、自分の見解が「一般国際法の原則」に従うものだと主張する。しかし、「一般国際法の原則」の字句で一体何に言及しているのか、また、その「原則」から右のような結論がどうやって導かれるかは説明していない。

†オランダ政府と交信するレーリンク

ここで「一般国際法の原則」を話題にするとすれば、東京裁判当時はニュルンベルク判決のみがその先例として存在していたので、当然ニュルンベルク判決がその対象となるべきであろう。しかし先にみてきたとおり、レーリンクはその意見でニュルンベルク裁判所の見解を誤って伝えた。

東京裁判当時「一般国際法の原則」に関心をもっていたのは、レーリンクだけではなく、レーリンクの母国オランダの政府当局もそうだった。レーリンクが裁判所憲章の拘束力を否定する立場にあったことは、東京裁判進行中に同政府の知るところとなり、オランダ政府からレーリンク宛の書簡で、レーリンクの立場に反対していることが通知されていた。本章でみるとおり、主要な法律問題についてのオランダ政府の見解は、やがてレーリンクに影響を及ぼし、その反対意見に反映される。

なお、東京裁判当時にレーリンクとオランダ政府とのあいだに頻繁な交信があったが、それは一九四七年一月二八日付けの書簡で、反対意見で取り扱う法律問題について、レーリンク自身が自国政府の意見を求めたことからはじまった。その交信は一年以上つづいた。交信の軌跡は、プールヘースト『東京裁判とオランダ』にくわしい。

†第二の問い——侵略戦争は現行の国際法で犯罪をなすか

侵略戦争は現行の国際法で犯罪と認められていない、という立場をとるレーリンクは、まずはじめに、裁判所を拘束する法の源としての裁判所憲章を排除しなければならなかった。そして、右にみてきたとおり、ニュルンベルク判決を誤った形で紹介して憲章の拘束力を退け、裁判所の審査対象の地位に憲章を格下げした。

このような処置のあと、レーリンクはつぎに、反対意見の初めの部に「平和に対する罪」と題した節を設け、では、憲章が裁判所に対して拘束力をもたないという答えが出た以上、それでも侵略戦争は現行の国際法で犯罪と認められるかどうかの問題を考察する。

論の出発点としてレーリンクは、「戦争の遂行は、国際連盟とパリー条約の時代までは諸国家の主権であった」と述べる（一三頁）。この文は、レーリンクが国家主権の原則の絶対的優位性を大前提として論をすすめようとしていることを示唆し、計画的に織り込んだ文言とみることができる。以下レーリンクは、国益の名の下と決したとき戦争を開始する無制限の権利が主権国家にはある、という見解を基軸にして、二〇世紀初頭以降に締結されたさまざまな国際協定等を、ときに偏向的で一方的なやり方で解釈し退ける。レーリンクによるパリ条約の取り扱いは、国家主権の原則の優位性を基調とするレーリンク解釈の端的な例である。

周知のとおり、一九二八年に締結されたパリ条約（つまり「不戦条約」）は、国際関係における争議を解決する手段としての戦争を禁止した主要な国際協定だった。しかし、先に言及した一九四七年一月二三日付けのウェブ宛覚書でレーリンクは、パリ条約を「なんら実質的な意味をもたない」とそっけなく片づけ、つづけて、パリ条約は「たんなる平和を好む気分の表現」にすぎないと言明していた（傍点は加筆）。

パリ条約は、日本とオランダを含む六三カ国によって締結された国際協定であった。この協定を、国際刑事裁判所の一判事が「意味をもたない」あるいは「平和を好む気分の表現」と言って退けるところに、レーリンクが反対意見で何をなさんとしているか、うかがわれよう。

つぎにみるように、レーリンクはウェブ宛覚書だけでなく、実際にその反対意見でパリ条約を退ける。

†国際法より国際関係を重視

レーリンクは、その意見の初めの部の「平和に対する罪」と題した節で、戦前期における国際法の文脈を概観する。ここではレーリンクは、国際連盟からパリ条約に至るまでのさまざまな法律文書、協議、宣言をとりあげる。そして、そのひとつひとつが何らの法的意味をもたないとして退けたのち、では、「パリ条約が侵略戦争を個人に責任を負わすことのできる国際犯罪としたか」と問う（三九頁）。

この質問に答えるため、レーリンクは、パリ条約締結の準備作業や米国上院の外交委員会による審議の記録を吟味する。そして、パリ条約の締結国のあいだには、実践的な規範を作る意図は全然なかったと結論づける。よって、侵略戦争がパリ条約までの国際法で犯罪をなしたかどうかという問いに対する答えは、「否」ということになる。

ここで注目されるのは、パリ条約が新しい国際犯罪を認めなかった、という結論に至るとき、レーリンクはその根拠を法の原則に求めない。そのかわり、「国家間の関係が、依然として、どの国でも、その主権によって、重大な紛争における自国の立場を決定するというのであるかぎり、戦争を不法化する余地はないであろう」と論じ（四一頁）、つまり、当時の国際関係の実態がどう判断されるかを根拠としている。

本来パリ条約の解釈をめぐる争点となるべきは、パリ条約により戦争を遂行する主権の権利が国際法上制限されたかどうか、である。ところがレーリンクは、右の文からみられるように、「国家間の関係」の性質に関する自分自身の見解を表明し、それをパリ条約の法的意義を退ける根拠としてはばからない。つまり、レーリンクがここでやっていることは、国際関係の解釈であって、国際法のそれではない。

なお、パリ条約を「なんら実質的な意味をもた」ず、「平和を好む気分の表現」にすぎないと述べ、政治的見地から擁護できない、とレーリンクは結論づけたが、この結論が国際法上何を意味するか、レーリンクは理解していたと察せられる。たとえ一四年にわたる未曾有《みぞう》の世界戦争を目撃しても、レーリンクは国家主権の原則の優位性を強く擁護することを、むしろ望んだようである。

じつにレーリンクは、そのような立場を反対意見で示している。当該部分は、引用するとつぎのとおりである。

無制限な国家主権の代償は、戦争が時々起るということである。もし侵略戦争が犯罪的なものと認められれば、それは国家主権の一部が放棄されたことを示すものであり、もはや構成員の間の暴力を許さない国際社会ができ上っている筈であり、その社会では、戦争はある意味で国内戦争の性格をもつことになるのである。これができ上っていない以上は、戦争の不法化をどのように宣言しても、それはまず空虚な言葉である。（三〇頁、傍点は加筆）

右の引用でレーリンクは、国際関係の現状からして、国家主権の原則は一部放棄されるよりは擁護されるべきとし、そして、「戦争が時々起る」というのは致し方ない「代償」と位置づけるのであった。

†第三の問い——侵略戦争は慣習法で犯罪をなすか

こうしてレーリンクは、第二次世界大戦をパリ条約の高尚な字句が禁止し得なかった「時々起る」戦争と処理したが、つづけて、戦間期における国際法の発展に関する右の議論で、まだ論じていなかったもう一つの法律問題に目を転じる。それは、国際連盟からパリ条約に至るまでの一連の発展の過程で、国際慣習法上、侵略戦争を犯罪とする規範が生まれたかどうかである。

何人かの著名な法学者は、たしかに慣習法上そのような法的規範が形成されたと論じ、レーリンクはそのような論が存在することを認めた。しかし、レーリンクはそれを国際法における慣習法の「誤解」に基づくとして、こともなげに却下する（四四頁）。レーリンクによると、「侵略戦争の惹起者」に対する刑事責任とは、「戦争の終りになってはじめて」議論されるようになったのであり（四五－六頁）、つまり、第二次世界大戦終焉になって初めて認識され、それ以前ではないとする。

つづく頁でレーリンクは、一九四一年から一九四三年のモスクワ宣言までのさまざまな宣言を引用する。レーリンクによると、これらの宣言等は、戦争そのものではなく戦争犯罪の処罰のみに言及するものということであった。しかし、そのような主張は、意図的な曲解でないとすれば、少なくとも偏狭な解釈と言わねばならない。

一例として、ある文書でソ連政府は、「ドイツの犯罪的なヒットラー政権」下にドイツ兵が敢行した「非人道的な、強欲な」行為を糾弾し、レーリンクはこの字句をそのまま引用するが（四六頁、傍点は加筆）、この文書は、レーリンクが主張するごとく「戦争犯罪」と「侵略戦争」と全く別扱いしているのではなく、ドイツによるソ連侵攻とその帰結の両方に言及していよう。

もう一つの曲解の例に、一九四三年一二月の米英ソによるカイロ宣言があげられる。ここでは、「日本国の侵略を制止し、且之を罰する為、今次の戦争を為しつつあるものなり」との宣言が含まれ、レーリンクは、この部分を反対意見に引用している（五二頁、傍点は加筆）。レーリンクはこの宣言について、「ここでは、国家としての日本の処罰だけが取り上げられている」という理由から（五二頁、傍点は加筆）、この宣言が東京裁判にもちうる意義を即座に退けている。しかし、一九四三年にはすでに連合諸国のあいだで、枢軸国の戦争指導者を処罰することが協議されはじめており、レーリンクはそれを知っているはずだった。

†レーリンク意見の大反転

こうしてレーリンクは、侵略の罪が犯罪をなさず、平和に対する罪が厳密にいって犯罪と認められるようになったのは、一九四五年八月以降と結論づけた。論理的に考えると、レーリンクはこれで、侵略戦争は犯罪を構成しないという判定にたどり着くことができる。ところが、レーリンク意見はこのあと、突如おどろくべき方向転換をはじめる。

ここまでのかれの論述は、つぎのような一連の理由づけからなっていた。

①裁判所憲章は、犯罪を作ることはできない。
②裁判所の判事のみが、憲章に記される犯罪行為の類型が現行の国際法で犯罪と認められているかどうかを決定する権限をもっている。
③国際法上それらが犯罪と認められないならば、そのような犯罪について個人を裁き処罰することは、国際法違反である。
④現行の国際法は、一九四五年八月まで侵略戦争を犯罪と認めなかった。

以上の論述は、レーリンク意見の始めの二〇頁で緻密に構築された。その結果、論理的帰結として、被告人全員を平和に対する罪について無罪宣告することが不可避となった。

しかしレーリンクは、この時点で逆のことをしはじめる。それは、「日本の侵略」(とレーリンク自身も言及する日本の戦争行為)について、各被告人をそれぞれの果たした役割について処罰することは、やっぱり国際法にかなっている、との論を展開するのである。

なぜ、そしてどうやって、レーリンクはこのような一八〇度の方向転換ができたのか。オランダ政府との交信から察せられるのは、どうやらレーリンクは一年以上にわたるオランダ政府とのやりとりの結果、とうとうその圧力に屈し、本国政府の方針に沿うよう意見の大転換を実施したようである。しかもレーリンクは、東京裁判におけるかれの主たる任務はオランダの立場を代表することだとオランダ政府から諭され、それに賛同したようである。一九四七年一月二三日付けのウェブ宛覚書では、侵略戦争は裁判所の管轄の犯罪と認められず、国際法にも犯罪として認知されていないとの法的立場をとっていたが、その約一六カ月後、一九四八年六月三日付けのオランダ政府宛の書簡では、自分の法的立場をあらため、裁判所憲章を適法として認める形で反対意見を書く方針であることをあきらかにしている(ABZ 314.2)。

ただしここで注目されるのは、レーリンクは方向転換を決定したものの、反対意見の始めの二〇頁に記した論はそのまま保持した。そのかわり、新しい理論の道をそのすぐあとに、展開するという形式をとっている。これは、一方では自分の信じる法的結論と、他方では政府の圧力により不承不承たどり着く結論とが存在し、これら対立する見解を並べて公表することで自己矛盾を解消しようという、苦肉の策だったのかもしれない。

それにしてもレーリンクは、いったいどのような法律の錬金術により、すでに裁判所憲章は拘束力をもたないと断じたにもかかわらず、結局は「平和に対する罪」が、被告人に侵略戦争に関する刑事責任を問う正当な法である、と論じ直すことができたのか。

レーリンクがオランダ政府の影響のもと自分の見解を大転換する経緯は、プールヘースト『東京裁判とオランダ』（一二一―一三〇頁）に詳説されているので、ここでは、レーリンクがその大転換を、反対意見のなかでどう論じ正当化したかをたどってみる。

†やっぱり平和に対する罪は裁ける犯罪――レーリンクの新たなロジック

レーリンクは第一のステップとして、まず「事後法」を禁止する合法性の原則――つまり、罪刑法定主義――をとりあげ、その重要性を過小評価することを試みた。

レーリンクによると、もし罪刑法定主義が正義の大原則ならば、その原則に違反する起訴事項のすべてを東京裁判所は却下しなければならないという。しかし、これはじつは正義の原則ではない、とレーリンクは論じる。むしろ、これはたんなる「政策の規則」であり、「政治的な思慮を示すもの」だ、と主張する（五六頁、傍点は加筆）。

ちなみに、ニュルンベルク裁判所は、「罪刑法定主義は……正義の原則である」と断言しており（IMT、第一巻、二一九頁）、レーリンクはそれを知らないはずはなかった。しかし、合法性の原則を退けることによってはじめて、反対意見の方向転換ができるしくみになっているので、右の処置をとることはレーリンク意見にとって重要であった。

第二のステップは、「現に行われているところの実証的な国際法によれば、われわれは裁判所条例［憲章］に述べてある「平和に対する罪」を特別な意味に解釈しないわけにはいかない」と述べ（五七頁、傍点は加筆）、つまり、実践される国際法に照らし合わせて、もう一度裁判所憲章に目を転じ、そこに規定される平和に対する罪を解釈し直さなければならないと主張することである。レーリンクのいう「現に行われているところの実証的な国際法」の意味は、やがてあきらかにされる。とにかくレーリンクは、すでに論じ終わったはずの裁判所憲章の妥当性を、あらためて論じる機会を自分に与えている。

†連合国は正義の戦いを遂行した戦勝国

第三のステップは、第二のステップを論拠にして、第二次世界大戦の歴史的文脈を再吟味し、「連合国は国際法に違反して規則を作る意思はなかったものと推定して差支えない」と主張することである（五七頁、傍点は加筆）。そして、この主張を根拠として、日本を負かした連合国の権限について新規の論を展開する。ここでレーリンクは、つぎのように記述する。

「正義の戦い」の戦勝国であり、そのような戦勝国として、その後の平和と秩序について責任のある諸国［つまり連合国］は、国際法によれば、この新しく確立された秩序に対する脅威となっている分子に対抗する処置を取る権利があり、また、重大な犯罪的行為の再発を防ぐ手段として、関係のある個人を拘禁しようとし、またその拘禁を続ける権利のある事は疑いがない。（五八頁、傍点は原文通り）

右の引用でレーリンクは、連合国が「正義の戦い」を遂行して勝利し、戦後の安全と秩序に責任を有するようになったのだから、「重大な犯罪的行為の再発を防ぐ」処置をとる資格があるという。なお、第二章でみてきたとおり、パルは、連合国を戦争とその大惨禍および将来の脅威の原因の張本人とみなしていたが、レーリンクは、連合国を「正義の戦い」を遂行した戦勝国と評価する。この点で、パルとレーリンクが戦争史観上、全く正反対の立場をとっているのがうかがわれよう。

第四のステップは、そういった「重大な犯罪的行為の再発を防ぐ」手段として、日本の国家指導者を即決処刑のような処分ではなく、司法手続きに訴えたことを評価する。そして、そのような司法措置は国際法違反とはみなされない、という結論を導き出すのである。当該部分を引用すると、つぎのとおりである。

権力に伴う責任を基礎としたところの、単なる政治的な処置によっても、この目的は達成することができた筈である。事実において、日本の侵略の計画者、教唆者、遂行者であった者を選び出すのに、司法的な方法が採用されたということは、新しいやり方であって、戦敗者に単なる政治的な処置が与え得るよりはいっそう多くの保護を与えるということで、国際法の違反と見做す事のできないものである。(五九‐六〇頁、傍点は加筆)

右の引用にでてくる「単なる政治的な措置」とは、日本の戦争指導者を行政手段により即決処刑することを指し示す。

†国際法の違反者は犯罪者というより政治犯

こうしてレーリンクは、裁判所憲章を法の源泉と結論するための道を開拓した。ただし、ここでレーリンクは、この新しい結論は厳密な法解釈ではなく政治的配慮によることをあきらかにする。すなわち、「国際法における犯罪は……国内法における政治犯と比較し得るような行為」となぞらえ、「政治犯の場合には、決定的な要素は、有罪というよりは、むしろ危険ということであり、犯人は悪人というよりは、むしろ敵と見做され、刑罰は司法上の懲罰よりは、むしろ政治的な措置を強調するものである」と述べる（六〇頁、傍点は加筆）。

そして、この論――国際法の違反者は、犯罪者というより政治犯に相当する――を根拠に、レーリンクは、その意見書のはじめの二〇頁で詳説した判定をくつがえし、憲章に定式化された平和に対する罪は、結局は「国際法にかなったものである」と結論づけた（六〇頁）。

†つまるところ国際法とは政治的便宜主義

右にたどったレーリンクの理由づけの流れは、全く驚異的である。反対意見のはじめの部分では、レーリンクは多数意見に異議を唱えて裁判所憲章の拘束力を退けたが、その根拠は、裁判所憲章の立案者たる連合国の政治的権限に対して、正義の原則が絶対的に優位である、という判断のためであった。ところが、今度はそれとまったく逆の論をすすめ、国際法を純粋に政治的なものと特徴づけ、政治の優位性を主張してははばからない。そして、戦勝国が侵略者を裁くのは、正当化される政治的措置だというのである。こうしてレーリンクは、平和に対する罪をめぐる論の基軸を「正義」から「政治」に転じることにより、完全な方向転換を達成したのである。

レーリンクの新しい論は、つまるところ国際法の基盤とは政治的便宜主義である、という考え方に支えられている。よって、平和を脅かす危険人物は、政治的理由から「処罰」されなければならないということになる。つまり、本来は法的処罰の範疇にあるはずのものが、レーリンクの新しい論ではたんなる政治的手段に変貌したのである。同様に、レーリンクが当初は、連合国の政治的権限外にあると主張していた国際法の規範を定める権限を、新しい論では、それを当の連合国が有するものとし、それでもって危険人物を処理することを正当な政治的措置とみなす。

もし、右のような国際法の解釈が模範とみなされるのだとすれば、そして、もしたんに危険人物を政治的あるいは社会的圏域から取り除くことが目標だとすれば、そもそもなぜ裁判を実施する必要があるのか、わたしたちは問わなければならない。

3 レーリンクによる「事実に関する考察」

レーリンク意見の第二番目の部「事実に関する考察」に、目を転じよう。

先に示したとおり、この部は、反対意見の初めの部からまったく独立した別個の意見のような体裁をとる。レーリンクは、この部の「序説」でまず、多数意見が「日本の実際の歴史と、被告がこの歴史で果した役割を広汎に取扱っている」ことに触れ、その部分の多数意見に「異論を述べる必要性」を感じたと説明する（七八頁）。そして、この第二の部では、その異論を記すつもりであることをあきらかにする。しかし、実際にレーリンクがこの部で記述することは、「序説」の説明とはやや異なる。

レーリンクはこれ以前、反対意見の初めの部の最終節「不作為の責任」で、訴因第五五に適用される責任論を検討し（六七 - 七五頁）、第二の部と第三の部で被告人のうち五名の無罪を論じるための論陣を暗に張っていた。さらに、初めの部で侵略戦争の定義を考察していたとき、レーリンクは閣僚に適用される基準について一つの問題提起をしていた。それは、「平和を維持する目的で入閣したのちに、戦争に賛成した政府の個々の閣僚は、だれでも戦争を開始したものと認めることができるかという問題」であり、レーリンクは、

「できるだけ早く平和をもたらそうと努力する目的で、戦争中に閣僚となった者の場合にも、同様な問題が生ずる」と論じていた（六四頁、傍点は加筆）。この問題提起でレーリンクは、侵略戦争の計画や遂行に参加した閣僚やその他の文官は、平和のために努力する意図でそうした地位についていたのならば、戦争の責を負うべきではない、と示唆していた。

つづく第二の部「事実に関する考察」と、第三の部「各個人に対する判定」でレーリンクがなさんとしたことは、初めの部で論じた「不作為の責任」と閣僚に関する問題提起を適用し、関連する証拠を取り扱いながら被告人五名の無罪論——とくに広田弘毅、東郷茂徳、重光葵、木戸幸一といった文官四名の無罪論——を展開することだった。

戦争遂行に参加した政府高官でも「平和主義者」なら無罪？

それにしても、平和を企図したかどうかといった個人の内的動機を、レーリンクはいったいどうやって判断しようと考えたのだろうか。どのような法的基準により、この問題について満足な判定が下せるとしたのか。レーリンク意見には、こうした問いに対する明快な答えが記されていない。にもかかわらず、第三の部「各個人に対する判定」でレーリンクは、広田、東郷、重光、木戸といった文官を、平和を企図していたとの理由で無罪としている。

しかし、では、たとえば一九三〇年代に広田が外相や首相をつとめたとき、中国でそれまで軍事的に獲得してきたものを放棄してまで平和を達成しようと広田が望んだ、とレーリンクが本当に信じたのかというと、この質問もはっきりとした回答がない。多数意見には、広田はどちらかというと平和を指向したとはいえ、日本の中国占領を保持するためには武力行使を支持し、また、そうするように軍部に働きかける準備があったと結論づけられる十分な証拠が提示されていた。ウェブ判決書草稿でも、広田が日中戦争を支持したという一層明確な証拠が提示された（第四章参照）。

そしてレーリンク自身も、広田が対中国の主戦論者に転じたことを認めている。実際、一九四八年八月二三日付けの判事たちに対する内部の覚書では、武力行使を正当化する広田による特定の発言を多数意見に書き足すよう、わざわざ勧めていた（NAA M1471/1 28）。レーリンクが記録するよう勧めた引用のひとつは、一九三八年初頭の帝国議会における答弁で、軍事力行使により中国人を「膺懲《ようちょう》」することを国策として決定したと伝えるつぎのような発言であった。

［広田外務大臣］：……其の後支那側の態度が御承知の様な状態で、日本としてはそう云う現地解決、不拡大の方針で進む訳に行かない、非常な頑強な排日思想を持って日本

に当って居りますから、是はどうしても膺懲せなければならぬと云う方針を決めました（『速記録』第八巻、三四七頁、傍点は加筆）

レーリンクが多数派判事らに右のように勧告したという事実は、広田の無罪を主張するレーリンク意見と一見矛盾し、二つの対立する立場をレーリンクがどう両立したのかを汲みとるのは難しい。しかし、つぎにみていくように、特定の文官を無罪にすることの政策上の意義を優先することで、レーリンクはこの矛盾を解消したのである。

†刑事責任より政策的配慮を重視

「平和を企図した」文官が被告人の場合、刑事責任問題より政策的配慮を優先する、という立場を、レーリンクはウェブ裁判長に早くから表明していた。一九四八年二月五日付けウェブ宛覚書には、つぎのようなくだりがみられる。

では、もし軍の行動に対して文官政府が責任を負うとわれわれが確定するならば、その結果とは、戦争終焉時には政府に平和を実現しようとするものが誰もいなくなるということになります。なぜなら、政府全体が裁かれ処罰されると予期されるからです。……

［しかし］文官当局が軍隊によって犯された戦争犯罪の責任から除外されれば、戦争を終える能力とその準備のある勢力を国家に残せます。（AWM 3DRL 2481/20）

レーリンクがウェブに宛てた他の覚書（一九四七年一月二三日付）では、被告人の個人責任を東京裁判で取り扱うことついて、レーリンクは、さらにつぎのような発言を残していた。

この裁判では、相対的にいって被告の運命はなんら重要ではありません。問題は国際法についてどのような決定がなされるかです。（傍点は加筆）

言うまでもなく裁判とは、受理された証拠に基づいて起訴事項に対する被告人ひとりひとりの有罪無罪を決定することがその任務である。しかし、レーリンクは右の覚書で、東京裁判においては、「相対的にいって被告の運命はなんら重要ではありません」と述べるのだった。

†レーリンクを諭すウェブ

こうしてレーリンクは、特定の文官については、刑事責任を追及するより政策上の配慮を優位とするよう主張した。この主張の論理的帰結は重大である。というのは、一方でレーリンクは、侵略戦争を計画しあるいは遂行した者のあいだには、「危険人物」という理由で戦勝国により有罪とされる個人があるとし、他方では、同じ侵略戦争を計画しあるいは遂行した者のあいだに、平和を達成するために必要だからという理由で戦勝国により無罪にされる個人がある、というのだ。レーリンクの勧めるがごとく、政策的配慮に基づき被告人の有罪や無罪を決定することは、法の支配に従った審理ではない。むしろこれは、政治裁判の真髄である。

レーリンクの右のような見解をウェブは憂慮したようである。というのは、レーリンクから受けた一九四八年二月五日付けの覚書に翌日すぐ返書し、つぎのように諭しているからである。

しかし、われわれにとって広田や他の文官に関するただ一つの問いは、兵士の犯した犯罪に対してかれらがじっさい責任があるとわれわれが信じる証拠があるかどうかです。かれらを有罪とすることから何が結果するかは、われわれの職分外のことです。

（AWM 3DRL 2481/20　傍点は加筆）

†レーリンクの悩み――軍部を積極的に支持した文官の処置

先に述べたとおり、反対意見の第二部「事実に関する考察」でレーリンクは、法廷で争われた戦争の事実問題をふりかえり、多数意見に対して異議があるところを示していく作業に入る。

ここでの論述によると、日本政府には、一方で「平和的な方法で、繁栄する日本、すなわち東亜を事実上支配する日本をめざして努力していた一派」があり、他方では「武力による日本の対外進出を目的とした一派」が存在し、その二派のあいだに根本的な不和があったという大前提がみられる（七八頁）。そして、東京裁判所にとっての「決定的な問題は、戦争とまではいかない方法による対外進出と武力による対外進出との、二つの違った考えの関係が、どのようにして展開していったか、を決定することである」とレーリンクは言う（七八-九頁、傍点は加筆）。

レーリンクが主張するがごとく、平和主義者と軍国主義者という二つの派閥が戦時下日本の指導者層にくっきりと分別できるという見方は、東京裁判で受理された証拠に照らし合わせても疑わしいところである。しかし、この大前提は、レーリンク反対意見の基盤をなし、また、反対意見の初めの部で確立していた原則――すなわち、平和を企図していた政府高官は、すべての罪から免除されるという原則――を敷衍するものであった。

ただし、戦時下日本における国内政治の状況を右のように説明するとき、レーリンクの前にはひとつの難題が横たわっていた。それは、平和を企図していたはずの文官で、軍部を積極的に支持した者たちをどう説明するか、である。その種の文官は、レーリンクが存在したと断言する日本政府内の対立構造を不鮮明にし、かれらの無罪論を展開するうえで不都合であった。レーリンクはこの難題を、二つの方法で処理した。

一つ目の方法に、まずレーリンクは、「罪の有無に関する日本の国内情勢の影響」と題した節を設け、そこでは、平和的手段を指向する政府指導者は、軍部を「独裁と戦争に向かわないように」するため軍部と協力せざるをえなかったと論じる（八四頁）。そして、かれらによる宥和政策が逆に戦争の遂行につながっていったことについて、レーリンクはこれが結果的には失策ではあったが、それ自体は犯罪ではなかったと論じる。反対意見の当該部分には、つぎのようなくだりがみられる。

> 日本の政治家によって演ぜられた役割を考察するにあたっては、この非常に難しい事態を、心にとめておかなければならない。侵略的な諸派を宥和する政策が、誤った政策であったし、また結果から判断して、致命的な政策であったことは、必ずしもそれが政策

として犯罪的であったことを示すものではない。この場合には犯罪的でない判断の誤りを論ずる余地がある筈である。（八五頁、傍点は加筆）

右の引用では、融和政策を「誤った政策」とか「致命的な政策」とまでは認めるが、これを、「犯罪的でない判断の誤り」で処理しようとする。

しかし、ここでレーリンクが争点とするべきは、政府指導者が採用した政策が犯罪的であったかどうかではない。むしろ、かれらが戦争の計画、準備、開始、遂行に参加したと裏づける証拠があるかどうか、であった。

✝日中戦争に目をつぶるレーリンク

二つ目の方法は、日本が少なくとも一九三七年以降中国で大規模な戦争を遂行していたが、レーリンクはその事実を重々承知しながらも、可能な限り無視する、であった。

一例をみてみよう。

レーリンクが指摘するところによると、広田、近衛文麿《このえふみまろ》など日本政府指導者が一九三〇年代から一九四一年にかけて、東アジアの「新秩序」の名の下に膨張政策を推進したが、この政策に西洋諸国が反発し、その結果、日本国内の軍部が発言権を強めたという。すなわち、「輸出禁止と凍結令にかんがみて、この目的を達成するためには、戦争以外には途は残されていない、と政府を説得することは、軍国主義者にとって少しもむずかしいことではなかった」という（九七頁、傍点は加筆）。

右の指摘では、「この目的を達成するためには、戦争以外には途は残されていない」云々と書かれ、あたかも日本がまだ武力行使していないかのような表現になっているが、実際は、一九四一年夏の時点で盧溝橋《ろこうきょう》事件に始まる日中戦争は四年目に突入していた。また、一九三一年九月に勃発した満州事変以来、中国東北地方で遂行した軍事行動や満州国の設立について、日本はすでに諸外国から批判を受けてきていた。こうした歴史的事実は、法廷で受理された膨大な証拠から明白であったにもかかわらず、レーリンクの右の指摘では、その事実に対する認識が抜け落ちている。

もうひとつ例をあげると、一九四〇年九月に日独伊三国同盟が締結されたことについて、「この決定では戦争とまでは行かない手段によって……「新秩序」を確立するのが日本の本質的な意図であった」とレーリンクは述べ（一二八頁、傍点は加筆）、ここでも、一九四〇年九月の時点では、日本が何らの戦争に従事していないかのような口ぶりである。何年ものあいだ日本による侵略と占領に苦しんだ何百万人という中国の人々にとって、レーリンクによるこのような発言は、全くの珍説であったにちがいない。

ところが、レーリンクはその意見で、一九四〇年ごろまで日本が何らの交戦状態に入っていなかったと断定してはばからない。そのような断定は、「一九三六年の政策と一九四〇年の政策との相違」と題された節にみられる。当該部分を引用すると、つぎのとおりである。

その政策が東アジアの支配達成の手段として武力を行使するという方向に向った決定的な時期は一九四〇年の後年、特に一九四〇年九月十九日であったことが立証されている。

（二一七頁、傍点は加筆）

右の引用では、武力行使によって東アジア支配を達成しようという政策決定は、一九四〇年九月一九日になって、やっと採択されたということである。一九四〇年九月一九日は、日独伊三国同盟の締結が御前会議で正式に決定された日である。

右のような論を展開するレーリンクの真意はあきらかである。かれは、広田のような政府指導者を無罪とするには不都合な日中戦争に、できる限り目をつぶった。そしてそのかわり、かれらは平和的な膨張政策の追求に尽力したと主張し、しかし、一九四〇年には情勢に打ち負かされ戦争を余儀なくされた、という認定に行き着こうとしたのである。

こうして、反対意見の第三の部「個人に対する判決」にて、「平和を企図した」政府指導者はだれひとり有罪とされるべきではない、と結論するために必要な論述を、レーリンクは同意見の第二の部で提供したのである。

4　個人に対する判決

では、反対意見の第三の部「個人に対する判決」に目を転じよう。

ここでは、レーリンクはまず量刑問題をとりあげる。

先にみてきたとおり、レーリンクは平和に対する罪を実質的に政治犯とみなしたが、この罪のみで有罪になったものには死刑を認めないことをあきらかにしている。レーリンクはつぎのように説明する。

現在の法律からすれば、当然、どのような人も平和に対する罪を犯したかどで死刑に処せられるべきではない。今日の段階では、終身の禁固刑がこの犯罪に対して妥当な処罰である。(二〇三頁)

よって、被告人一〇名については終身刑を主張した（荒木貞夫、橋本欣五郎《きんごろう》、平沼騏一郎、星野直樹、南次郎、賀屋興宣、大島浩、白鳥敏夫、小磯国昭、梅津美治郎《よしじろう》）。

とはいえ、レーリンクは量刑としての死刑自体は妥当とみなした。多数意見から終身刑を宣告された被告人のうち三名については、極刑に処されるべきだったと主張した（岡敬純、佐藤賢了、嶋田繁太郎）。また、すでに死刑宣告を受けた被告人のうち六名は極刑が妥当という（土肥原賢二《どいはらけんじ》、板垣征四郎、木村兵太郎《へいたろう》、松井石根、武藤章、東条英機）。ただし、レーリンクはこれらの勧告を正当化する説明を何も提示していない。

いずれにせよ、個人に対する判決でレーリンクが多数意見に反対した点は、比較的限られていた。というのは、五名の被告人以外は皆有罪であると同意し、そのうち九名については極刑を勧めたからである。レーリンク意見は、この点で全員無罪の結論に至ったパル意見とは対極をなしている。

†広田弘毅の事例

レーリンクが無罪を主張したのは、文官四名（広田、東郷、木戸、重光）と軍人一名（畑俊六）だった。ここでは、東京裁判論でしばしば論争の的となる広田をとりあげ、レーリンクが広田の無罪をどう理由づけたのかをたどってみる。

第二の部「事実に関する考察」では、レーリンクは日中戦争に目をつぶり、日本が戦争の遂行を国策としたのは一九四〇年九月以降という論を展開してきた。そして、「平和を企図する」政府指導者には刑事責任が問えないという論を展開していた。

しかし、第三の部で広田個人の責任を審査するときには、そのような論をそのまま適用するわけにはいかなかった。なぜなら、レーリンク自身が書き留めるように、「平和に対する罪に関して言えば、広田は二つの異なる種類の行為について罪を問われ」、それらはつまり、「新秩序確立のために戦争遂行の共同謀議をしたことと、中国での戦争を遂行したこと」だったからだ(二一六頁)。そのため、それまで極力回避してきた日中戦争と被告人の関係を、広田の場合は真っ向からとりあげなければならなかった。

第一の論――広田の過ちは「自分の力の誤算」

そこで、まずレーリンクは、内閣総理大臣だった広田が一九三六年八月に採択した「国策の基準」に目を向ける。そして、「この決定の中で立案された外交政策の樹立」を根拠に、多数意見は広田を平和に対する罪について有罪としていたが、レーリンクはそれに異議を唱える。レーリンクによると、「国策の基準」に打ち出された政策は、平和に対する罪の証拠とならないということであった。当該部分は、つぎのとおりである。

この秘密決定の原文からみても、日本が侵略戦争という手段によって東アジアを支配しようと計画したのではないことは明らかである。……一九三六年並びにそのあとの政策立案者の考えていた東アジア支配への道は右［武力］以外の方法であった。（二二六―七頁）

つづけてレーリンクは、「その政策が東アジアの支配達成の手段として武力を行使するという方向に向かった決定的な時期は一九四〇年の後年、特に一九四〇年九月十九日であったことが立証されている」と述べ、第二の部での主たる論をくりかえす（二二七頁）。そして、一九四〇年になって初めて「誰か外の日本人によって引きつがれて別の方向へもってゆかれ」たという（二二八頁、傍線は原文通り）。

レーリンクによると、広田の落ち度は、広田内閣時代にはじまる外交政策が右のような発展を遂げることを予期できなかったことであった。つまり、

かれの場合は自分の力の誤算であった。広田はその政策によって誘発していた邪悪な精神を抑えることが出来なくなるということを事前に悟らなかった。……［しかし、］こ

の一九三六年の政策が日本にとってどんなに致命的なものであったにせよ、それは裁判所条例が言及している平和に対する罪の概念に該当するものではない。(二一九頁、傍点は加筆)

右の引用には、反対意見の第二の部でたどってきた論――平和を企図する政府指導者は、「誤った政策」を採用するかもしれないが、それは「犯罪的ではない判断の誤り」という論――が実践的に適用されているのがうかがわれる。

†第二の論――広田は宥和政策として武力行使を支持

右のように「国策の基準」をめぐる広田の役割を処理したあと、レーリンクはあらためて日中戦争に対する広田の責任問題をとりあげる。

まずレーリンクは、「国策の基準」に提言される日本の東アジア支配確立は、中国大陸で戦争を遂行することとは何ら関係がなかったとみなし、よって、「国策の基準」との関係に限っては、広田に日中戦争に関する責は問えないとする。しかし、広田が第一次近衛内閣で外相をつとめるあいだ(一九三七-三八年)に盧溝橋事件が勃発し、広田が中国との全面戦争を支持する方に転じた事実があり、多数意見では、このような事実を根拠に広田が日中戦争に対して個人責任を負うと判定されていた。レーリンクもこの事実と向き合わざるを得ないが、多数意見による判定を、主につぎの二つの根拠で退ける。

ひとつは、「一九四〇年並びに一九四一年の決定の中に示されているような武力行使の政策への事態の漸次的な推移を考慮してみると、筋道が立たない」、であった（二二〇頁）。つまり、日本政府が戦争手段に訴える政策決定をしたのは一九四〇年九月が初めて、という第二の部での判定に依拠し、それ以前に武力行使の国策があったと遡及的に考えることは論理的に無理と主張し、ここでレーリンクは、あらためて強引な論により日中戦争を事実認定の圏外に置いている。

もうひとつは、広田を「軍国主義者と協力することによって、かれらに対する妥協政策を唱道したもっとも顕著な人」と擁護し（二二〇頁）、広田が日中戦争の支持に回ったことは「致命的なもの」ではあったが、「侵略戦争の具体的な立案という範囲の中には含まれない」と結論することであった（二二一頁、傍点は加筆）。つまり、レーリンクが第二の部で展開していた「平和を企図した」文官に適用されるべき免責論を、ここで再び適用したのであった。

†第三の論──広田は「侵略者」だったが「侵略者の巨頭達」には数えられない

レーリンクにとって厄介なのは、広田の内面的意図が何であったかにかかわらず、中国との戦争が全面戦争の様相を呈してくるに従い、広田が強硬路線を強めていった事実である。実際、東京法廷で受理された多数の証言や文書証拠から、広田外相は一九三八年始めには蔣《しよう》政権に見切りをつけ、ドイツを介した和平交渉をやめるよう内閣に進言したことがわかっていた。また、一九三八年一月一五日に大本営政府連絡会議が開催されたとき、和平の模索をつづけるよう強く求める多田駿《ただはやお》参謀次長に対して、蔣政権を打倒する政策を支持するよう広田が圧力をかけ、そのため多田がとうとう折れたことも、あきらかにされていた。レーリンクは、広田によるこれらの挙動や発言を釈明しようとし、つぎのように述べる。

もうこれ以上蔣介石を相手にしないという政府の決定にかれが参加したということは証明されている。たとい、この事からかれが日本政府の閣僚として中国に対して侵略戦争を遂行したという結論が導き出されるとしても、かれの経歴は、かれが本裁判所によって死刑に価すると判定された侵略の巨頭達の仲間ではなかったことを示している。(二二七頁、傍点は加筆)

右の引用でレーリンクは、「かれが日本政府の閣僚として中国に対して侵略戦争を遂行したという結論」が導き出され得ると認めつつ、広田が「侵略の巨頭達」と区別されると主張し、あたかもこの処置により、広田の個人責任が軽減するかのような口ぶりである。しかし、法律理論からいって、「侵略者」と「侵略の巨頭達」のあいだに何らの区別はない。ここでのレーリンクの論は、まことしやかではあるが、まったく見当違いであった。しかも、中国に対する全面戦争の決定に広田が参加したことを認めているのだから、レーリンクの行き着くべき結論は、広田は「侵略の巨頭達」ではなかった、ではなくて、広田の行為は少なくとも「共犯」に相当する、であろう。

†南京事件に対する広田の責任

広田は南京事件についても責任を問われていたので、レーリンクは「個人に対する判決」で、この問題をとりあげる。

レーリンクによると、広田が日本軍による残虐行為の事実を認識していたことは疑いの余地がないと認める。また、当時「一度か二度みずから陸軍大臣杉山に話したが」、弁護側証人によると、「出先の軍に関することは内閣でもって閣議として取扱うことはなかった」ので、この問題を閣議にはかけなかったと認める（一二三二頁）。しかし、これらの事実からレーリンクは、広田の無罪がむしろ裏づけられたとする。その根拠はつぎのとおりである。

陸軍の行為について苦情を受けた外務大臣として当然しなければならないことをなした。すなわち、陸軍大臣に通告したのである。(二三四頁)

多数意見では、虐殺等がその後も継続したことから、広田が「義務の犯罪的な過失について有罪」と判定されていた。レーリンクはこの判定に異議をとなえ、「広田が陸軍大臣に対して取った処置が依然として効果がなかったということをしらされた時期をたしかめるための証拠は本裁判所に提出されなかった」という(二三六頁、傍線は原文のもの)。つまり、陸軍が適切な処置をとっているかどうかについて、広田がどんな情報をその後受けたのか確定できないから、不作為責任を証明するうえでは証拠不十分だというのであった。

しかし、レーリンクが実際、広田の不作為責任上の無罪を信じたのかは疑わしい。というのは、一九四八年八月二三日付けのウェブ宛覚書では、レーリンクは広田に対して、より鋭い追及をしているからだ。

具体的には、南京での残虐行為の規模や性質について諸外国政府が知り、日本の外務当局に何週間にもわたり苦情が伝達されことにもっと言及するよう、多数派判事らに促し、また、残虐行為の継続期間を強調すべきと進言している。さらに同じ覚書で、残虐行為については「時間の要素は、責任との関連で非常に重要な要件である」とも記している。つまり、受理された証拠に基づき広田に不作為責任が問われる、とレーリンクが舞台裏ではみなしており、同僚判事にその見解を伝えることに躊躇しなかったことを示している。このような進言は、反対意見でレーリンクが公的に主張する立場と相容れない。

5　おわりに

本章での論をまとめると、レーリンクがその反対意見でとってきた立場は、かれの判事や法学者としての名声に不名誉をもたらす内容であったと言わざるをえない。なぜなら、レーリンクは政治的配慮に流され、判事としての自分の信念をまげた意見を著すに至ったからだ。本章であきらかになったことは、つぎの三点であった。

- レーリンクは、自分が書こうとしている反対意見の内容について、オランダ政府に長期にわたり意見を求め議論と交渉を重ねた。最後には政府の圧力に屈し、自らの判事としての独立を放棄し、レーリンク自身は無罪とみなしていた被告人に対して有罪宣告を下した。

- レーリンクは、あきらかに犯罪をなさないと自分が信じた行為について、政治的便宜主義という論法を使い、結局それを犯罪とみなした。皮肉なことにレーリンクは、一九四七年一月二三日付けのウェブ宛の覚書で、まさにこのような便宜主義を認めない立場をとっていた。曰く、「望ましくない者を取り除くために戦争犯罪裁判を使うことは、正義と便宜主義をごちゃ混ぜにすることを意味し、それら両方を達成できなくするものです」(傍点は加筆)。
- レーリンクは、「平和を企図していた」政府指導者については、たとえ侵略戦争の計画や遂行に参加していたとしても、それを刑事責任をともなわない政策上の過ちとみなし、そのような人物が責任を問われないまま政府の運営に参加しつづける道を残そうとした。このような措置は、まさに「正義と便宜主義をごちゃ混ぜにすること」そのものを意味する。そして、そこから帰結するのは、政治裁判以外の何物でもなかった。

反対意見やその周辺文書からレーリンクの右のような挙動があきらかになる以上、従来のレーリンク評の妥当性は、今後再考に値しよう。

第四章
ウェブが著した権威ある「東京判決」

ウィリアム・ウェブ裁判長〔アメリカ公文書館FE-238〕

1　はじめに

極東国際軍事裁判所の裁判長ウィリアム・ウェブ卿による「裁判長による個別意見」は、その他の個別意見とともに裁判終了時にその存在があきらかにされ、研究者のあいだでも広く言及される意見書である。それに対して、ウェブが「裁判長による判決」と名づけつつ公表しなかった判決書草稿は、その存在があまり知られていない。ウェブは、公判審理が終わってまもなく判決書草稿を完成させ、それを東京裁判所の正式な判決として多数派が採用することを望んでいた。そこで、「第一草稿」を同僚判事たちに回覧し、そのあと、さらに改訂を加えた「第二草稿」を準備していた。しかし、多数派判事たちがこの判決を採用することを受け入れなかったため、結局は、それよりはるかに短い個別意見を用意し、賛意意見としてそれを提出するにとどめた。

†公表されなかった「裁判長による判決」の謎

ウェブの準備した判決書草稿は六部構成となっており、「第一部　予備的事項」「第二部　憲章と法」「第三部　起訴状と細目」「第四部　日本の戦争への経緯」「第五部　通例の戦争犯罪と人道に対する罪」「第六部　個人に対する判決」からなる。タイプライターで準備され、六五八頁に及ぶ長文で、目次や正誤表までついた完成度の高い判決書である。

多数派がこれを採用するつもりがないとわかったとき、なぜウェブはこれを個別意見としてそのまま提出しなかったのだろうか。この判決書草稿は、本章であきらかになるとおり秀逸かつ模範的な判決であり、もし、この書が裁判長による個別意見として当時公表されていたならば、わたしたちの東京裁判論は、現在知られているものとはまったく違ったものとなっていただろう。また、この模範的判決がもし正式な「東京判決」として採用されていたならば、パルやレーリンクが英雄視されたり、かれらの意見が今日に至るまでの東京裁判論に多大な影響を及ぼすこともなかったかもしれない。

本章では、ウェブによる判決書草稿の分析に焦点を絞り、その法律学上の功績と遺産に光を当てる。さらに、法廷で受理された証拠をウェブがどう扱ったか事例をあげながらたどり、東京裁判に対する従来の「勝者の裁き」批判や、パル、レーリンクによる反対意見にみられる批判が妥当なものだったのかどうか、あらたな考察をくわえる。判決書草稿の分析がひととおり終わったところで本章は終えるが、ひきつづき終章では、ウェブが「裁判長による判決」の提出を差し控え、そのかわり短い賛意意見を提出した真意を考察する。

†各被告人の証拠に基づく責任究明に集中

「裁判長による判決」（以下「判決書草稿」または「ウェブ判決」と記す）は、複雑かつ包括的な文書である。もともと東京裁判所の正式な判決として書かれただけに、その内容は、東京裁判の審理内容や各被告人の判決の根拠をくわしく説明したもので、形式の上でも内容の上でも、多数意見に代わる完全な判決をなすものである。

なお、第二章でみてきたとおり、パルもひとつの「判決」を著していたが、ウェブによる判決とパル「判決」とのあいだには大きな違いがある。ひとくちにいうと、パル「判決」は、本来開催されるべきとパルが信じる架空の裁判のために書かれており、起訴内容についてその成否を、受理された証拠に基づきくわしく審査する、という判事のなすべき根本的な職務を公然と怠るものであった。ウェブ判決はその正反対だった。東京裁判で争点となった法律や事実認定の諸問題をとりあげ、受理された証拠を審査し、各被告人に対する訴因について精密な分析を展開していること、これがウェブ判決の一大特色であった。

では、ウェブ判決と多数意見とを比べてみるとどうか。ウェブは、各被告人が起訴状に示された訴因のひとつ以上について有罪、と結論している点では、多数派と同じ立場をとった。しかし目立つ差異は、その結論に至るまでの法理論、法解釈、論のすすめ方、事実認定の点で、ウェブは多数派とほとんど意見を異にしている。さらにウェブ判決書草稿では、さまざまな訴因に関する各被告人の判決について、首尾一貫し道理を尽くした根拠が提示されているが、多数意見にはそうした説明が目立って不足している。これは残念な結果である。というのは、ウェブは早くから同僚判事たちに、各被告人に対する判決の論拠をあきらかにすることの重要性を強調していたからである。一九四七年二月付けのある覚書では、裁判所が著すことになる判決のアウトラインがウェブから他の判事らに示され、そのなかの「証拠」という項目には、ウェブからつぎのように記されていた。

各被告人に対する証拠の［略式でない］完全な陳述。ひきつづいて、事実認定と、関連性のある法の適用、そして、最後にその被告人に対する判決。（NAA M1417/ 25 21）

右の指示にかかわらず、多数意見には証拠の完全な陳述、事実認定や関連性ある法の適用に関する十分な記述が欠けていた。

ウェブと多数派とのあいだの差異は、量の上からも察せられる。すでに序章で指摘したとおり、多数意見は法律と事実認定に基づく各被告人に対する判決を含んでいたものの、その部分は、全五五八頁（英文の刊行資料）のうちたった二九頁——つまり、全体の五

%――を占めるだけである。それに対してウェブによる判決書草稿では、全六五八頁のうち三九五頁――つまり、全体の約六割――が「第六部　個人に対する判決」に費やされ、そこでは、各被告人に関する事実認定が具体的に記述された。パル「判決」はというと、被告の個人責任を審査の対象としていないため論外である。

†多数意見やパル意見にみられる戦争史の再構築は排除

ウェブ判決書草稿と多数意見とのあいだには、予備的に指摘されるあと二つの目立った差異がある。一つ目は、第一章で指摘したとおり、多数意見の大部分は、侵略戦争を遂行するための「共同謀議」というものを再構築するために費やされ、その結果、共同謀議の話が基軸となり展開される一方、個々の被告人が戦争の計画や遂行でどのような役割を果たしたのかの問題がぼやかされていた。それに対してウェブ判決書草稿は、満州事変以降、日本が戦争を遂行するに至った複雑な一連の事件について、各被告人がどのような役割を果たしたかを審査することに集中した。なお、判決の「第二草稿」に寄せた覚書でウェブは、判事の仕事は「いずれの歴史の段階を書くこと」ではない、と忠告し、各被告人の有罪無罪について、証拠と事実認定に基づいた判定を下すことに専念するよう、同僚判事たちに念を押している（NAA M1417/1 32）。この忠告は、それぞれの観点から戦争史を再構築しようと熱中する多数派判事やパルに対して向けられた批判、と理解される。

弁護側の反証を重視

二つ目に、ウェブは検察側と弁護側の主張両方を考慮している点でも、多数派ともパルとも異なる。じつのところ判決書をまとめる過程で多数派は、「弁護側の最終弁論に言及せず」に事実認定に行き着こうとしていることをウェブに指摘され、それではいけないとウェブに諭されていた。具体的には、一九四八年五月一七日付け覚書でウェブは、弁護側による反証内容も分析して考慮に入れるよう、同僚判事らに勧告しており、「公平であるためには、われわれはそうしなければなりません」と述べていた（AWM 3DRL 2481）。にもかかわらず多数派は、結局は裁判長の勧告に十分従わない形で多数意見をまとめ、公平性の点で不足が目立つ。

以上の経緯から、ウェブ判決書草稿がたとえ知名度が低く、また、たとえそれが東京裁判所の公式文書でなくても、多数意見、パル意見、レーリンク意見が内包する重大な欠陥を鑑みると、この文書は裁判研究の一環として分析され論じられる価値があるといえる。本章は、そのような観点からウェブ判決書草稿の分析と考察を試みるものである。

2 平和に対する罪

ウェブは判決書草稿のはじめに、東京裁判所憲章と侵略戦争遂行の起訴内容の法的根拠を論じるが、これは多数意見や他の個別意見と同様、裁判所憲章の拘束力を争う弁護側に回答を提供するためであろう。第一章でみてきたとおり、平和に対する罪をめぐる法律問題について、多数意見はニュルンベルク判決から引用することで対処した。パルとレーリンクの論は、第二章と第三章でたどってきたとおりである。それに対してウェブは、独自の論を展開しており注目される。そこで本節では、まずウェブによる法律問題の論述をたどり、そのあと、ウェブが各被告人の責任問題をどう扱ったかをみていく。

†裁判所に適用される憲章と法

裁判所憲章の拘束力について、はじめにウェブは、日本政府は降伏文書に調印することによりポツダム宣言を「誠実に履行する」ことを課され、その結果、極東国際軍事裁判所の裁判権を認めたと指摘する。ただし、降伏文書の調印で裁判所の管轄に平和に対する罪も含まれたとみなしてよいのか、という疑問が残り、このことについてさらなる論が望まれた。ウェブは実際、法廷で受理された証拠に言及しつつ、さらなる論をすすめた。

具体的には、木戸被告が公判審理中に証言するとき追加で提示した『木戸日記』からの抜粋に触れ（『速記録』第七巻、一八七頁）、それによると「天皇も日本政府も、「戦争犯罪」という用語が戦争に責任のあるものを含むと理解していた」とみることができ、ポツダム宣言受諾前に、連合国による裁判権に戦争責任者が含まれると日本側が理解していたと指摘した。一九四五年八月一〇日付け『木戸日記』の要点は、ウェブの記述によると、「同日、日本の天皇は木戸に対して、戦争責任者が処罰されるのを見るのは耐え難いが、耐え難きを耐える時がきたと思う、と述べた」ということであった（一一頁、傍線は判決書草稿の原文に記された通り）。

ウェブの論述は、右の言及で完結するわけではない。ウェブはつづけて、第二次世界大戦勃発以前の国際法文書に目を転じ、とくに一九二八年締結のパリ条約の法的効力を審査する作業に移る。

†一九二八年パリ条約の法的効力

ニュルンベルク裁判所は、パリ条約では侵略戦争を「犯罪」と明言していないと認めたものの、この条約を根拠に侵略戦争を罪とする法原則が確立していたとの立場をとり、その立場から、管轄問題をめぐる弁護側の異議を退けていた。ウェブも判決書草稿で、「侵略戦争が不法であり犯罪性があると認知され承認されていた、との結論は抗しがたい」と述べ、ニュルンベルク裁判所と同じ理論的立場をあきらかにした（一四頁）。しかし、ウェブは多数派のようにニュルンベルク判決からの引用を提示するのではなく、パリ条約を締結した当事国がパリ条約の法的効力をどう理解していたかについて、掘り下げた論をすすめている。

つづく論述から、パリ条約をめぐり日本を含めた主要国家が、自衛戦争の行使に関する議論を重ねていたことがあきらかにされる。そのなかには、一九二八年五月二六日付けで日本政府からの米国政府に対する応答が含まれる。そこには、目下交渉されつつある条約では、「独立国家の自衛権を拒否するようなもの」は何も含まれないという理解のうえ、国家政策の手段としての戦争を放棄することを法規範として認める、という日本政府の立場が浮かび上がる（一五頁）。

†侵略と自衛——日本とアメリカの合意点

ウェブがつづけて論じるところによると、日本政府から右の承認を受けた米国政府は返答し、パリ条約で侵略や自衛を定義づけることは勧められない、というアメリカ側の見解を示している。その理由は、ウェブが引用するところによると、「合意された定義に調和するように事件をかたどることは、無節操な者にとってあまりにも容易であるから」という（一五頁）。つまり米国政府は、「無節操なもの」が定義を盾にして、自衛権行使以外の戦争を遂行しながらも、それを正当化することがあってはいけないと考え、定義づけを勧めなかったのである。それに対して日本側は、一九二八年七月二〇日付けの回答で「アメリカの考慮しているのと実質的に同じ」と知らせている（一六頁）。つまり日本政府も、自衛権行使の理由以外の戦争はパリ条約で排除されると理解したが、ただし、条約の悪用を避けるため、パリ条約で禁止される戦争をいちいち定義しない方がよいとし、この点でアメリカと共通理解に至ったのである。

右の論述でウェブは、パリ条約の解釈をめぐる抽象的な議論を超え、日本政府が条約下に負わねばならない法的義務を明瞭にするため、交渉でとった具体的な立場に光を当てた。そして、その視点から、裁判所が事後法を適用しているという弁護側の主張が成り立たないとしたのであった。こうしてウェブは、自衛権行使以外の戦争がパリ条約により禁じられたとみなせるという立場をとった。なお、ここでの論はレーリンクの提供したものと一見似ているが（第三章参照）、レーリンクの場合、パリ条約の効力を国際関係の解釈に基づき提供していた。それに対してウェブは、あくまでパリ条約の法的効力について、当時の国家間でどのような共通理解があったかを分析の対象とした。

†戦争の合法性は司法機関が決定する

右のような経緯から、パリ条約に侵略戦争の定義づけが含まれなかったのならば、では、武力行使の実例に国際社会が実際直面したとき、誰が何を基準にして、それを自衛戦争あるいは不法な侵略戦争と決定づけられるのか。

この問題に対するひとつの回答を、ウェブは国際法の分野において権威ある書と広く認められていたオッペンハイムとラウターパハト（編）*International Law: A Treatise*（『国際法――論考』）に言及しつつ提示している。その書によると、国際法では、自衛の名のもと戦争を遂行する国家自体は、その「合法性を究極的に決定する権利」を有しないのであって、「そのような権利は何らの国際合意によって付与されていない」ということだった（一六頁）。そして、その論理的帰結として、「自衛のための武力行使の合法性は、各事例につき司法あるいはその他の機関による公平な決定の至当な対象である」という（一六頁、傍点は加筆）。つまり、パリ条約に定義づけがないからといって、交戦国自体が遂行した戦争の法的性質を決める権利を有するのではない。むしろ、第三者たる司法機関がそれを審査の対象にするというのであった。ウェブは、オッペンハイマーとラウターパハトと同意見であった。そして、起訴内容に示される日本の戦争の場合、その法的地位を確定する一司法機関が極東国際軍事裁判所である、と位置づけたのである。

†侵略の定義づけから個人責任の考察へ

そうすると、極東国際軍事裁判所が起訴内容を審査するにあたり、裁判所が適用できる侵略戦争の何らかの定義あるいは基準が、やはり必要となってくるだろう。そこでウェブは、犯罪を構成する侵略戦争とは、「国際紛議を解決するための手段として、すなわち国策の手段としての戦争」、と原則的に定義づけた（一六頁）。これは、パリ条約に含まれる実際の条文および締結国間で当時交わされた共通理解に依拠した定義づけ、とみられる。

そしてつぎに、侵略戦争の計画や遂行に関する個人責任の基準として、「認識」が要件とみなされるとの立場をとった。つまりウェブの論述によると、「パリ条約の締約国は、国策の手段として戦争に訴えることとの不法性と犯罪性を、認識し承認していた」と指摘し、締約国が侵略戦争を遂行した場合、それは、「自国が条約の締約国であると知りつつ国家に行為せしめる」わけであるから、自国政府に行為せしめる「それらの個人は、国家の義務怠慢について刑事責任を負う」と論じた（一七頁、傍点は加筆）。

なお、ウェブがここで論じる「個人」とは、高次レベルで戦争の計画、準備あるいは開始する政府や軍指導者に限られず、ウェブはむしろ、責任の所在をより広い視野からみている。判決書草稿から関連部分を引用すると、つぎのとおりである。

> 侵略戦争が不法で犯罪であるという見解は、その論理的帰結まで適用されなければならない。たとえば、戦争に反対した兵士や文民で、のちになって、和平を達成するためにもっと有利な時期がくるまで戦争を遂行するべきだと決めた者は、侵略戦争を遂行したことにつき有罪である。
>
> どれほど地位や身分が高くても低くても、戦争を促進あるいは［戦争に］参加する者について、侵略戦争に対する責任を限定する特別の規定は何もない。もし、それが侵略的だと知っているかあるいは知っているべきならば［he knows or should know］、である。
>
> （二七頁、傍点は加筆）

こうしてウェブは、侵略戦争に参加したすべての兵士と一般市民は、その違法性を知っていた、あるいは知っているべきであった限りでは、有責の領域に入るとした。

右の引用にみられる基準では、「平和を企図」しながらも戦争に参加した兵士や文民に刑事責任があることになり、第三章でみてきたレーリンクの「平和の企図」者に対する無答責論もウェブが排除した、とみることができる。

こうして侵略戦争の定義と個人責任の基準を明記したのち、ウェブははじめて各被告人に対する証拠を分析する作業に入る。ただしウェブは、挙証責任が検察側にあることを前提としてすべての審査をすすめ、よって検察側が、①被告人の遂行した戦争が右の定義にあてはまること、②条約を破ってそのような戦争を遂行していることを被告人が知っていたこと、そして、③被告自身がそのような戦争を促進あるいは戦争に参加したことを、「合理的疑いの余地なく」証明することを求めた。ウェブの証拠に対するこのようなアプローチは、次節（第3節）で個人の事例を分析していく過程で、より具体的にみてみる。

以上に素描されるウェブのパリ条約の解釈、侵略戦争の定義づけ、そして個人責任の基準について成否両論がありえよう。いずれの立場をとるにせよ、ウェブ判決書草稿が、他一一名の同僚判事による意見にみられない首尾一貫した方法論と論理構成で律せられ、また、適用する定義や基準を明記している事実は特筆される。

3　平和に対する罪に関する個人判決

つぎに、各被告人に対する判決の事例に目を転じ、ウェブが右の定義や基準を実際どのように適用したかをたどってみる。

被告人ひとりひとりに対する判決は、判決書草稿の最終部（「第六部　個人に対する判決」）にて三九五頁にわたって提供されているが、ウェブはまず、その二つ前の部「第四部　日本の戦争への経緯」で、平和に対する罪に関係する事実認定の概要を提示する。ここでの記述は、多数意見のいわゆる「東京裁判史観」や、パル意見に展開される反西洋植民地・帝国主義史とは別物であって、そのかわり、検察側と弁護側の証拠に基づき、満州事変から太平洋戦争勃発に至るまでのあいだ、各被告人が政策決定機構でどのような役割を果たしたかを集中的かつ簡潔に記録するものである。そして、「第六部」のはじめのほうに「被告に帰される認識」と題する節を設け、被告人はパリ条約に明記される原則を違反する戦争を遂行していることを、戦時中それぞれ知っていたかあるいは知っていたはずとの見解を示した。つまり、「これらの被告人がそういった地位を占めていたとき、日本の態度についてこの裁判所がつきとめたすべてのことを、かれらが知ることができなかった、とは考えられない」のであった（二六七頁）。

右の判定を基盤とし、ウェブは「第六部　個人に対する判決」にて、各被告人に対する証拠をさらに審査する。では、判決書草稿で平和に対する罪に関する判決のうち、事例六件を追ってみよう。

†畑俊六の事例

畑俊六《はたしゅんろく》陸軍大将は、多数意見で有罪宣告を受けていた。主な根拠は、畑が陸軍大臣をつとめるあいだ（一九三九-四〇年）日中戦争が「勢いを新たにして」遂行されたということ、そして、畑が東アジアと太平洋地域の支配を達成するための共同謀議の一員だったこと、であった（『速記録』第一〇巻、七九六頁）。しかし、多数派の判決では、畑が日中戦争の遂行に具体的にどう関わったのか説明されず、共同謀議論による有罪判決の根拠も漠然としている。

右と好対照なのは、畑の判決に一三頁を割いて証拠をくわしく分析するウェブ判決書草稿である。

まずはじめにウェブは、一九三八年二月一四日に畑が「中支那における指揮権をもつ」ようになり、それ以降どのような役割を担ったかを精査する。その関連でウェブは、戦後に連合軍が実施した尋問の記録のうち、証拠として受理されていたものに触れ（『速記録』第一巻、五四二頁）、畑がその尋問で、日中戦争は「実際には戦争ではあったが、彼等［日本側］が考えた限りでは単に支那事変であった。事実上それは戦争であった」との発言をしていたことを指摘する（三一五頁）。畑によるこの発言から、畑は中国大陸における軍事行動の本質が戦争であり、政府の採用する「事変」という呼称が実状にともなわないことを、畑が自覚していたと判断された。またウェブは、畑が一九三八年に中支那派遣軍司令官として軍事行動を指揮するあいだ、日本政府はすでに一九三八年一月半ばに発せられた近衛声明以降、「国民政府を「完全に潰滅《かいめつ》させる」」まで武力行使をつづけることを、正式な国家政策として採用していたことを詳説した(三一五頁)。

こうしてウェブは、日本の中国における軍事行動の性質を、畑が知っていたかあるいは知っていたはずだった、とみなせる十分な証拠があることを例証した。

つぎに、一九三九年に畑が陸軍大臣になってからの問題をウェブは扱うが、ここでもウェブは、その時期の畑の言動や行動に関連するさまざまな証拠——戦後に実施された尋問の記録、陸相時代の畑の発言、弁護側証人の証言など——に言及する。

たとえば、一九四〇年三月二二日に帝国議会において、畑が国務大臣として発言した部分の議事録が証拠として受理されているが(『速記録』第八巻、四六九頁)、ウェブはそこから、つぎのような引用を提示している。

此の度の事変は蔣政権の排日、侮日《ぶにち》政策に依って誘発せられたものでありまして、帝国と致しましては東亜永遠の平和の為に、是が誤を是正せんとして居る所の、所謂《いわゆる》聖戦で

あるのであります。(三二七頁)

畑による右の発言から、自衛の範疇から大きく外れる国家政策の達成のため日本が中国に対して戦争を遂行しつづけていることを、畑陸相が当時から自覚し、また公言してはばからなかったことがよみとれ、ウェブはこれを重視した。

ウェブは、つづけて帝国議会における畑陸相の発言に触れるが(『速記録』第八巻、四六九頁)、そこで畑は、一九二二年締結の九カ国条約を無視して構わないといった趣旨の発言をし、日本は、あらゆる障害を乗りこえて「東亜の新秩序を建設する」ことに集中すべきだと主張していた(三二七頁)。九カ国条約とは、中国の領土保全、主権尊重、機会均等、門戸開放といった原則が打ち立てられた条約で、辛亥《しんがい》革命以後の新国家である中華民国との関係について、あらたな国際法秩序を確立しようとするものだった。日本は締結国の一国だった。

さらに、畑自身が戦後の尋問で認めるところによると(『速記録』第一巻、五四二頁)、かつて国際法を学んできていたことから、中国に対する戦争が条約違反であることを知っていたが、「ほかの手段が失敗に帰した時、兵力に訴えるより解決の道はない」と述べていた(三二七-八頁)。この発言も、平和に対する罪をめぐる畑の責任をあきらかにしていくうえで重要で、ウェブが言及するところとなっている。

こうしてウェブは、日中戦争に関する畑の責任を鋭く追及するが、他方、太平洋戦争についてては証拠不十分としている。たとえばウェブは、畑が一九四〇年に辞任し米内《よない》内閣の瓦解を惹起した一連の事件をくわしくたどるが、それを有罪の根拠と認めていない。多数意見では、むしろこの事実で畑を共同謀議にむすびつけたようである。この一例に、ウェブと多数派とのあいだの対照的な証拠の審査ぶりが垣間みられる。

†平沼騏一郎の事例

平沼騏一郎男爵は、日中戦争に関する重大な国策が決定された時期の一九三〇年代をつうじて、主要な国家指導者の地位にあった人物だった。多数意見ではたったの一六行が、平和に対する罪をめぐる平沼の有罪判決を説明するために費やされた（英文の刊行資料版）。この一六行には、平沼の有罪を裏づける具体的な証拠への言及はわずかで、例外的に、「一九四一年十一月二十九日に開かれた重臣会議で、被告は、戦争は避けられないという意見を容認し、長期戦の可能性に対して、世論を強化することを勧告した」と記録する程度であった（『速記録』第一〇巻、七九六頁）。

ウェブ判決書草稿では、平沼が日本の国家政策について具体的にどう貢献をしたのかについて、一五頁が費やされている。分析の対象となったのは、一九三一年から一九四五年までの平沼の挙動であり、戦争の遂行を実現するうえで平沼がどのような役割を果たしたか審査された。

はじめにウェブは、満州事変以降に平沼が負った役割をたどる。平沼は当初枢密院副議長をつとめ、一九三六年には議長に任命され、一九三九年に総理大臣に就任するまでその地位を占めつづけた。ウェブはとくに、一九三二年九月一三日に開催された枢密院会議をとりあげ、満州国の建設と日満議定書の承認を支持する平沼の発言を記した（三三〇－一頁）。ただし、その他の枢密院会議や決定については、平沼が何を言い何をしたか、ウェブはいちいち記述していない。理由は、平沼が副議長そして後に議長という、枢密院でももっとも権威ある地位を占めつづけたことから、枢密院で決定された事柄に対して平沼に当然責任が問える、とウェブがみなしたのではないか、と推測される。

他方ウェブは、一九三九年に約八カ月総理大臣をつとめた平沼の言動や行動は、よりくわしく記している。一例として、平沼は組閣当時、板垣征四郎に陸相として留任するよう要請し、いわゆる陸軍三長官（陸軍大臣、参謀総長、教育総監）による七つの要求を受け入れてこれが実現したことを、ウェブは指摘している。陸軍側の要求には、前政権（第一次近衛内閣）下に御前会議で採択された日中戦争の遂行に関する政策、そして、一九三八年一二月二二日の近衛声明であきらかにされた政策を遵守することが含まれていた（三三二一─三頁）。

さらに一九三九年一月二一日、総理大臣に就任してまもない平沼は、政府の政策に関する所信声明を帝国議会で発表し、そこには平沼内閣の対中国政策があきらかにされていた。そのときの演説は、同年三月発行の『トウキョウ・ガゼット』（日本外事協会による英文の時事誌）に掲載され、検察側から証拠として提出されていた（『速記録』第四巻、二四一頁）。ウェブはその証拠に基づき、平沼内閣がどのような犠牲を払っても従来の政策を継続すること、新秩序の建設に中国が理解を示し協力することを希望するが、もしそれが叶わない場合、「日本に抵抗し続けるものは潰滅するしか選択肢はない、と平沼は結論づけた」ことを指摘した（三三四頁、傍点は加筆）。

また、一九三九年五月四日付けで平沼がナチス・ドイツのヒトラー宛に発した宣言にも、ウェブは言及した。これは、ドイツが戦争を開始した場合、日本が政治的、経済的および軍事的支援を提供することを平沼が自ら誓った内容だった。一カ月後の六月五日、あらためて平沼内閣は、ドイツがイギリスとフランスに対して開戦した場合、これに参加することを決定し（ただし参加時期の決定は保留）、この事実もウェブ判決書草稿に言及されている（三三七─九頁）。

ウェブは、平沼が参加したその他の閣議、連絡会議、御前会議などもたどるが、すべてを詳説せず、「平沼は賛意を表した」と記すだけの場合もあった（三四〇頁）。しかし、起訴内容との関係でもっとも重要とみられるものは、かなりくわしく記述している。

その一例として、一九四一年一一月二九日の重臣会議があげられる。先に触れたとおり、多数意見では、平沼がこの会議に参加したことが短く記されていた。ウェブ判決書草稿の場合、平沼がこの会議にどう貢献をしたのかをやや立ち入って記述している。具体的には、この会議に政府を代表して出席した東条首相兼陸相は、英米蘭との戦争が不可避である旨を主張したところ、平沼は賛意を表し、戦争の開始を支持する立場をとった。ウェブが指摘するところによると、平沼は「日本は精神力についてはアメリカと同等だが、物力の上では疑いがあると述べた。［そして］愛国精神を起こさせるための適切な処置をとるよう推進した」ということである（三四二頁）。

平沼は、戦争末期に至っても戦争の続行を主張し和平交渉を拒絶したが、それらの事実が証拠から知られ、これもウェブ判決書草稿に記されている。ウェブによると、平沼は一九四五年四月五日のある会議で、「和平を主張することや戦闘行為を停止することは断固反対で、最後まで戦うほかに道はない」と述べたという（三四二頁）。

このようにウェブは、受理した証拠を審査し平沼の果たした役割をくわしくたどり、最後に平沼の個人責任をまとめている。要点はつぎの三つであった。

- 平沼は、枢密院議長の地位を占めるあいだ、日本の満州における侵略に対する異論を排除し、そのかわり、「日本の利益になるよう、満州を日本の軍事的、政治的、経済的、そして産業上の統制下に置く」ことに大きく貢献した（三四三頁）
- 平沼は、首相時代にも中国に対して戦争を続行するうえで、主要な役割を果たした
- 平沼は、太平洋戦争前夜からその終焉まで戦争の遂行を主張しつづけ、とくに一九四一年一一月二九日の重臣会議では、「日本の物力を疑問視」しつつも、戦争の開始を支持した

ウェブ判決書草稿からは、平沼は満州事変以来、日本の中国支配を広げ確立するうえで政府内で指導的役割を果たし、太平洋戦争でも、主戦論者として政府の方針に影響を及ぼしたことがうかがわれる。にもかかわらず、この人物に関するくわしい事実認定と結論の記述は、多数意見にはみられなかった。

†広田弘毅の事例

広田は、多数意見で平和に対する罪と戦争犯罪両方の訴因について有罪判決を受け、絞首刑を言い渡された人物である(『速記録』第一〇巻、七九六-七頁)。死刑に処された唯一の文官であり、また、軍部に影響されたとはいえ元来平和主義の外交官だった、などの広田評もあり、広田を「勝者の裁き」の殉教者とみるのが従来の裁判論で一般化している。しかし、ウェブ判決書草稿で展開される広田有罪の論をたどった場合、「勝者の裁き」で片づけられるのだろうか。この問いについて、ここで考察してみる。

ウェブ判決書草稿では、広田に対する個人判決に二〇頁が費やされ、その大部分が平和に対する罪に関係する。はじめにウェブは、広田がソ連大使だった時代にさかのぼり(一九三〇-三二年)、その当時から広田が、国家政策の追求の手段として戦争を認めるような発言をしていたことをあきらかにする。ウェブが指摘するところによると、日本はいつでも戦争を始められる準備をしつつ強硬な外交に訴えるべきであって、その目的は「共産主義に対する防衛ではなく、むしろ東シベリアを征服すること」と広田は大使時代に言明していた(三四五-六頁)。また、九カ国条約について日本側は「絶対的な態度を執って居るんだ」と述べ、広田はその破棄を勧めたこともあった(三四六頁)。このように広田は、大使時代から強硬な対外政策を口にしてはばからず、ウェブがその事実を記すところとなった。

そして一九三三年一二月二二日の閣議で、満州国に君主制を採用させ、日満関係を不可分とみなす政策を宣言する決定がなされたが、広田がそのとき閣僚であったことをウェブは指摘、翌年の一月二三日の帝国議会では、広田は満州が独立国家として設立されたと宣言し、その事実もウェブは記している（三四七頁）。その後、陸軍は北支で軍事行動あるいは謀略により日本の勢力圏を拡張しようとし、あるいはすでに実行に移していた。ウェブによると、広田外相はそういった情報を受けただけでなく、軍の企図に寄与するさまざまな発言をしたことが、各種の文書証拠に記録されていた（三四九頁）。

つづけてウェブは、広田が一九三七年七月七日の盧溝橋事件以降にとった言動もたどっている。すなわち、広田は当初から中国で軍事行動を承認する閣議決定を支持、約三週間後には「事変の責任は中国にある」と帝国議会で中国を批判した。同年八月七日、広田外相、近衛首相、陸海軍相は事変を収拾するため中国との交渉条件の案を決定したが、この案には、「われわれは大規模かつ長期にわたる武力行使への決意をするべき」との但し書きが付されていた（三五〇－一頁）。第二次上海事変が同じ月に勃発すると、広田は上海への軍隊を増強し戦艦を派遣することを支持した（三五二頁）。

年末から翌年一月にかけてのドイツを介した日中和平交渉では、中国側にとって到底受け入れがたい条件に広田がこだわり、参謀本部の反対も押し切り、その結果、とうとう一九三八年一月一五日、国民政府との和平交渉を打ち切り軍事力による紛争の解決を目指すことが閣議で決まった。それを受けて翌日、「爾後《じご》国民政府を対手《あいて》とせず」の政府声明が発せられ、また同声明によると、今後は「帝国と真に提携するに足る新興支那政権の成立発展を期待」する旨が、日本政府による新しい対中国政策としてあきらかにされた。ウェブ判決によると、同日広田は帝国議会で演説し、日本政府は中国国民政府と歩み寄るのではなく、むしろ反日態度を改めさせるため「膺懲」する政策を採用する旨を公表している(三五四－八頁)。

右のような一連の証拠に基づきウェブは、「おそらく平沼は別として」広田ほど一貫して軍部を支持した文官はいない、と評する(三六四－五頁)。さらに、広田の中国に対する立場をつぎのようにまとめている。

満州における戦争から中国全土に拡大した戦争が、本当は自衛戦争ではないと知っていたかあるいは知っていたはずだが、それをずっと支持した。かれは、中国を分割し傀儡政権を占領地に設立して日本の支配下に置こうという主要な措置をとる者たちのひとりだった。これは実際、中国に対する戦争遂行への参加であった。(三六五頁)

また、広田が一九三八年一月一五日に、中国との和平交渉を断絶するいわば立役者となったことについては、「かれは中国を破壊し中国を完全に支配しようと決意していた」と判断され、この点で「広田はじつに極端な軍国主義者の一人であった」とも評している(三六五頁)。

ウェブによる右の結論は、「平和主義者」広田をなにがなんでも無罪にしようとするレーリンク意見と対照的である。ウェブはレーリンクと違い、受理された証拠をくわしく審査し、「知っていたかあるいは知っていたはず」の基準を適用し、事実認定をあきらかにしたうえで有罪判決に至ったのだった。

広田は太平洋戦争の遂行についても責任が問われていたが、ウェブは関連する証拠を慎重に審査し、広田が軍国主義一辺倒でなかった事実にも光を当てている。たとえば、一九四一年一一月二九日の重臣会議で広田は、日米交渉が行き詰まったからといって開戦を急ぐのは誤りとの立場をとり、戦争を始めるとしても外交手段による和平への解決を模索するよう進言しており、ウェブはその事実を記している(三六四頁)。そして、それ以前たしかに広田は、太平洋戦争の開始を促すような処置を「文官として準備できるだけのこと」をやっていたが、土壇場で戦争の延期を勧めたという証拠を踏まえると、広田が「合理的疑いの余地なく太平洋戦争を開始した、という事実認定は、排除される」と論じる(三六六頁)。ただし、「しかし、それだけではない」とウェブはつづける。小磯国昭陸軍大将が組閣を命じられた一九四四年七月、「広田はその不法で犯罪性のある戦争の遂行を主張した」(三六六頁)。その当時、広田はもう閣僚ではなかったが、重臣として国策に関する発言権をもちつづけていた。

右のような一見対立する証拠を吟味したうえで、ウェブは、結局は広田が日中戦争のみならず、太平洋戦争に関係する訴因でも責任を問われる十分な根拠がある、との判断を下している。

ウェブ判決書草稿に展開される広田の有罪判決には、賛成する者もあれば反対する者もあるだろう。しかし、いずれの立場をとるにせよ、ウェブが「合理的疑いの余地なく」という基準を一貫して適用し、証拠を慎重かつ公平に審査しようとする姿勢に異論はなかろう。多数意見、パル意見、レーリンク意見には、そのような公平な審査が欠落していた事実も、ここであらためて想起するに値する。

†木村兵太郎の事例

木村兵太郎は、平和に対する罪の訴因について「共犯者」であった、との扱いで多数意見にて有罪宣告を受けたが、ここでも有罪の理由づけは漠然としていた(『速記録』第一〇巻、七九九頁)。それに対してウェブ判決書草稿では、木村が陸軍次官や陸軍司令官としてどのような権限や責任を有し、戦争遂行のためどのような役割を果たしたのか、挙証しつつ説明されている。

まず、日中戦争から太平洋戦争にかけて木村の占めた地位について、簡単な記述が提示されている。ウェブによると、木村は一九三九年三月九日に陸軍少将から中将に昇進し、中国戦線における第三二師団の司令官となり、そして翌四〇年一〇月には関東軍の参謀長に任命され、同年一一月には日満経済共同委員会と満州拓殖委員会の構成員となった。そして、一九四一年四月一〇日に陸軍次官に就任したが、この地位に付随する義務には、「満州の資源を統制し利用すること、朝鮮、台湾、そのほか植民地の総動員」が含まれていたということであった(四一四頁)。

さらにウェブの審査した証拠によると、木村は太平洋戦争の勃発前後になると、派兵や財政事項および兵站に関する命令を発したり、通信に従事するようになった。一例として、木村は「一九四一年一二月一日の御前会議のすぐあとに発せられた命令に副署」し、南方方面の軍すべての司令官らに、「対英米蘭戦は一九四一年一二月八日に開始する」決定を伝えた、ということであった(四一五頁)。

ウェブがつづけて指摘するところによると、一九四二年一月二三日、ジュネーヴ捕虜条約を遵守するという陸軍側の見解を外務省側に伝えたのは木村だった。そして、東京裁判所が受理した陸軍省―外務省間の連絡に関する証拠から、木村は捕虜行政に協力するという共犯者的な立場にあったのではなく、むしろ高次レベルで政策決定に直接関与し、政策を実施させる当事者であったとわかる。そのほか、捕虜処遇に関する木村の責任を直接的に明示する証拠が少なからず受理されており、ウェブはそれらにも言及している。

木村は太平洋戦争の前半期、「陸軍次官」という陸軍省ナンバー・ツーの地位を占めていたのだが、このことについてウェブは、陸相たる東条英機が総理大臣を兼任していたため、かれが不在だったり他の任務に従事しているときは、木村が省内で重要な役割を果した、と指摘する。ウェブはとくにつぎのような説明を提示している。

局長により重要な事柄が定式化されるまえに、かれらは陸軍大臣と陸軍次官から承認を受けなければならず、陸軍大臣と陸軍次官の承認なしでは、局長はなんの決定も実行に移すことはできなかった。(四一八–九頁)

また、陸軍次官としての木村が大きな権限を有し、またそれを行使したことは、ドイツ大使オイゲン・オットがドイツ政府に宛てた一九四二年五月付けの電報からも知られる。

ウェブが説明するところによると、その電報で、木村は「陸軍次官として日独軍事協力の主要な擁護者のひとり」と評され、東条陸相が総理大臣の仕事に忙殺されていることも一因として、木村は陸軍省内で影響力をもち、他方、木村と東条陸相との個人的関係は良好であるとの説明がなされていた（四一九頁）。

結論としてウェブは、①中国戦線において師団長の任務についた木村は、「中国に対する戦争に積極的に参加し」、②太平洋戦争については、当初は陸軍次官として、そしてのちにはビルマ方面軍司令官として、「太平洋における戦争の計画、準備、開始、そして遂行に顕著な役割を果たし」、そして、③「とくに東条との緊密な連携により」木村はこの戦争が自衛のために遂行されているのではないと知っていた、とまとめた（四二三頁）。そして、これらの事実認定から、平和に対する罪の訴因について木村を有罪と判断した。

†重光葵の事例

広田の場合と同じように、重光が多数派から有罪宣告をうけたことは、従来の裁判論でしばしば問題視されている。実際、多数意見での重光に対する判決は、証拠の分析や個人責任の論述が不十分なところがあった。しかし、ウェブ判決書草稿で展開される論も「勝者の裁き」で片づけられるだろうか。この問いを、ここで考察してみる。

まずはじめにウェブは、一九三〇年代の大半と太平洋戦争前夜に各国大使をつとめた重光の言動に光を当てるが、受理された証拠から浮かび上がる重光像は、レーリンクが主張するような平和主義者の文官ではなく、むしろ、国家政策を促進するための武力行使を政府に勧める主戦論者の姿であった。

一例として、一九三八年七月に極東ソ連と満州国が接する国境地域で関東軍とソ連軍との軍事紛争が起こったとき、重光ソ連大使はソ連側にハサン湖西岸から軍隊を撤退するよう要請、ウェブが指摘するところによると、重光はその際、「日本は武力を行使しソ連軍を撤退させる権利と義務を満州国に対して負っている」と宣言した（五五八頁）。

つづけてウェブが記述するところによると、そののち重光はイギリス大使としてロンドンに派遣されたが、その任務についているあいだに欧州で戦争が勃発すると、重光は自国政府に向けて一連の電報を発し、欧州戦争を好機とみて日本がとるべき行動についていろいろと進言している。この一連の電報は、多数意見の個人に対する判決では言及されておらず、レーリンク意見では犯罪を裏づけないとして退けられている。しかし、ウェブはこれらを重視して、判決書草稿に多くの引用を提供している。その引用のひとつには、重光から自国政府に対するつぎのような進言が含まれる。

大東亜に於ける我地位を建設するには直接には小国（仏蘭或は葡）の犠牲に於て行い（間接には英米側の犠牲となるべきも）他国との衝突を避け一時に相手を多くせず各個処分の方策を以て最小限の損害を以て最大の利益を収むることを考慮する要あらん［。］（五六一頁、傍点は加筆。原文は『速記録』第二巻、七九八頁）

右の引用で重光は、フランス、オランダ、ポルトガルを欧州における「小国」とみなし、今こそそれらの国ひとつひとつを「犠牲」にすることにより、日本の国益の伸長を図るよう、自国政府に勧めている。このような証拠は、重光が平和に対する罪で有罪かどうかを決定するうえで重大な意味をもち、ウェブ判決書草稿にくわしく記述されている。

レーリンク意見によると、一九四三年四月に外務大臣に就任した重光は平和を企図し、入閣は和平実現のためだったという。しかし、ウェブ判決書草稿があきらかにするところによると、一九四三年九月二七日付けの外務省公式の発言で、重光は三国同盟を賛美し、戦争を遂行する決意を新たにするとの発言をし（五六一頁）、一九四四年一二月一二―一三日にも、日本が枢軸国と結束し、戦争を最後まで遂行する意志をあらたに強調している（五六一―二頁）。

とはいえ、右のような事実を列挙したウェブは、「合理的疑いの余地なく」の基準にたちかえり、一九三〇年代に大使として中国とソ連に派遣されるあいだの重光の言動については、大使として義務を超えた行動とはみなせないとしている。よって、関連する訴因について無罪と結論する。他方、イギリス大使の任につくあいだ、自国政府に対外政策として武力行使を勧めたことについては、これらはあきらかに義務を「超えた」行動と判断している。ウェブは、なかでも重光が欧州での戦争勃発を日本にとっての好機ととらえ、「日本の脅威となったこともないポルトガルのような小国を攻撃し略奪すればよい、といった悪質で卑怯な進言」をしたことを特筆している（五六七頁）。そして、外務大臣期については、「最後の勝利を獲得するまで「戦争を」継続することを強く主張した」ことが、受理された証拠からあきらかになっている以上、重光は「戦争遂行に責任があった」（五六七頁）と結論した。よって、太平洋戦争に関係する平和に対する罪の訴因について、重光は有罪と判断された。

広田の場合と同様、重光の有罪という結論には賛否両論があろう。しかし、ウェブが個人責任の基準をあきらかにし、それを首尾一貫して用い、「合理的疑いの余地なく」の基準を適用して証拠を公正に審査したうえで結論を導き出した、という点については、合意があってよい。

†嶋田繁太郎の事例

最後に嶋田繁太郎海軍大将の例をみてみよう。

多数意見では、嶋田は平和に対する罪に関しては、共同謀議の訴因および中国、アメリカ、イギリス、オランダに対する戦争の遂行の訴因について有罪判決を受けていた。しかし、この判決の基盤となる事実認定は、個人の判決の部分でほとんど記述がない（『速記録』第一〇巻、八〇三頁）。

ウェブ判決書草稿はというと、嶋田を有罪と判断する点では多数派と同じ立場ではあるが、有罪を裏づける事実認定をくわしく説明している点で、多数意見と異なる。

嶋田と日中戦争との関係については、ウェブはまず、嶋田が日中戦争時に軍令部次長をつとめ（一九三五―三七年）、第二艦隊司令官（一九三七―三八年）および支那方面艦隊司令官（一九四〇―四一年）の任に就いていたことを記し、そして、一九三七年の上海、南京に対する空爆を皮切りに、中国各地に対する海軍の爆撃、そして海上封鎖を嶋田自身が指揮あるいは命令してきたという諸事実を列挙する。南京陥落後に重慶に移転した国民政府と日本の間に大規模な戦闘行為がつづいたが、嶋田は当時、日本は「聖戦」を遂行しているという見解を公式に発表していた。このことも、ウェブは記している（五七三―四頁）。

この事実は、嶋田被告が日中戦争を「国策の手段としての戦争」だと「知っていたかあるいは知っていたはず」という基準を満たしうる証拠であり、重要である。

太平洋戦争については、一九四一年一二月一日の御前会議で対英米蘭の戦争開始の最終決定がされたが、嶋田は海軍大臣としてこの決定に参加した。また、御前会議の前日の一一月三〇日、嶋田は軍令部総長の永野修身《ながのおさみ》とともに宮中へ出向き、海軍は対英米蘭戦を開始する適切かつ十分な準備ができている旨を裕仁天皇に伝えていた。この事実もウェブ判決書草稿に記されている（五六九頁）。

右の諸事実からウェブは、嶋田は「中国に対する戦争とくに都市爆撃で指導的役割を果たし」、また太平洋戦争前夜では、「これらが日本の自衛戦争ではないと知りつつ、海軍大臣として太平洋での戦争に賛成票を投じた」とまとめた（五七七頁）。

4　通例の戦争犯罪

ここまで、ウェブが平和に対する罪に関係する起訴内容をどう扱ったかをみてきた。つぎに、戦争犯罪に目を転じてみる。

第一章でみてきたとおり、東京裁判では膨大な「犯罪の証拠」および若干の「連鎖証拠」が受理されており、これらをもとに、各被告人と戦争犯罪事件とのつながりをあきらかにしていくことは不可能ではなかった。しかし、戦争犯罪に対する政府や軍指導者の責任追及とは概して難しく、それは東京裁判に限られない。難しさの理由は主に二つある。

一つ目は、すでに第一章で指摘したとおり、日本政府や軍当局による大量の文書焼却などによる戦犯捜査の妨害があった。妨害の事実は、たとえば一九四五年八月二〇日付けで、在東京の俘虜収容所長から各地の軍隊に対して、つぎのような通知が送られたことからもうかがい知られる。

俘虜及軍の抑留者を虐待し或は甚だしく俘虜により悪感情を懐かれある職員は此の際速《すみや》かに他に転属或は行衛《ゆくえ》を一斉に晦《くら》ますごとく処理するを可とす、又敵に任ずるを不利とする書類も秘密書類同様用済のあとは必ず廃棄のこと。(『速記録』第四巻、二一八頁)

右の通知はウェブ判決で引用され(二六一頁)、多数意見でも言及されている(『速記録』第一〇巻、七九二頁)。

二つ目は、戦争犯罪とは、かりにも国家の名の下で命令や授権があったとしても、戦争の計画・準備・開始・遂行とはちがい、高度な国策レベルの長期的、継続的、あるいは広範囲の審議を必要としない。つまり一般論として、戦争犯罪の計画や準備、実行を記録する文書証拠というもの自体は比較的乏しく、被告人と戦争犯罪事件を決定的にむすびつける証拠を確保することは、「平和に対する罪」の場合よりもはるかに困難なのである。言い換えると、配下の将兵が犯した戦争法規違反を、被告人がどこまで国家政策の一環として命令ないし是認していたかを示す直接的証拠を確保するのは、非常に難しい。

　もちろん、たとえば東京裁判の場合、諸外国から日本政府に送られた抗議や「問い合わせ通知」や、日本政府からの回答の記録は検察側が確保できたので、それらを使って日本政府指導者が「知っていた」ことを明示し、戦争法規遵守を確保する義務の不履行を追及することは可能であった。それでも、裁判にかけられている被告人二五名ひとりひとりの名前がそうした外交文書に記されるのは、外務大臣の地位を占めていた者以外にはなかった。

　そこで国際検察局は、そのような外交文書だけでなく、かつての政府高官による証言や、陸軍省の発した若干の内部文書や証言と合わせて使い、文書証拠に名前の示されない被告人に対しても、推論により犯罪の「認識」を帰属せしめるという、「推定認識」に依拠する立証戦略も採用した。検察側はその結果、日本政府の各省の高官が「知っていたかあるいは知っていたはず」と主張することができ、それを根拠に、各省の高官や関係する軍部隊の指揮官の犯罪「認識」と「義務不履行」を論じることができるのである。

このような戦略は、かつての陸軍省軍務局長（佐藤賢了）、海軍省軍務局長（岡敬純）、海軍大臣（嶋田繁太郎）、歴代の第七方面軍司令官（土肥原賢二と板垣征四郎）、ビルマ方面軍司令官（木村兵太郎）、企画院長（鈴木貞一《ていいち》）、歴代内閣の閣僚（平沼騏一郎、木戸幸一、賀屋興宣など）といった、多くの被告人に対して有用であった。

なお、このような立証戦略を採用した東京裁判は異例ではない。むしろ、証拠集めで東京裁判の検察局が直面したものと同様の困難は、第二次大戦後に連合国が開催した戦犯裁判から今日の国際刑事裁判に至るまで、多くの検察官が直面する問題である。そんなとき、状況証拠を使って政府高官や軍指揮官に「認識」を帰する、という立証戦略を採用するのは、決してめずらしくないのである。

†戦争犯罪の「認識」に関する基準

さて、第一章で概説された種類の「犯罪の証拠」と「連鎖証拠」をウェブは審査したが、その判決書草稿で各被告人に対する判決に入る前に、ウェブはまず、つぎのような事実認定を提示している。

日本軍の犯した戦争犯罪は……あまりに多く、あまりに恐るべきものであり、あまりに連合国からの抗議が殺到したことから、すべての日本の指導者そしてとくに被告人は、知っていたはずである。にもかかわらず、それらを防ぐために効果的なことが何もなされなかった。(二六一頁、傍点は加筆)

さらにつづけてウェブは、「残虐行為の性質と範囲および不首尾に終わった抗議の量から、被告人は何が起こっているのか知っていたはずで、恐れあるいはその他の理由からそれを黙認し、あるいは無関心だったと示唆される」とも論じている(二六二頁、傍点は加筆)。

つづく記述から、ウェブは「知っていたかあるいは知っていたはず」を満たす要件として、①犯罪の性質および規模、②各国からの抗議の量、そして③政策の作成・実行に関わった政府内組織での情報流通、という三つの点を重視したことがわかる。そして、これら三つの要件が満たされるならば、犯罪が起こっている当時に政府指導者たる地位を占めていた被告人に対して「認識」を帰することができるとし、にもかかわらず、被告人が犯罪続行を止めさせる効果的な処置をとらなかった場合、被告人に個人責任が問える、としたのである。

ウェブが右のような基準を各被告人にどう適用したかは、次節で政府と軍指導者の事例をつうじてみていくが、その前にまず、ウェブが日中戦争と太平洋戦争のそれぞれについて、①犯罪の性質および規模、②各国からの抗議の量、そして③日本政府内での情報流通全般について、どのような事実認定をしたのかをたどってみる。

†日中戦争の場合

判決書草稿の「第五部　通例の戦争犯罪と人道に対する罪」には、その部のはじめのほうに、「日本政府による戦争犯罪の認識——レイプ・オブ・南京」という短い節が設けられている（二三九頁）。ここでは、南京にて日本軍将兵による残虐行為が①広範囲かつ長期にわたって行われたこと、②日本政府にその情報が伝わっていたこと、そして、③日本政府内で情報が流通していたことが、ごく簡潔に述べられている。

この節で、当時の政府高官だった被告人数名との関係でとくに注目されるのは、つぎのくだりである。

外務省に送られた抗議は、連絡会議において陸軍省の官吏と議論された。広田外務大臣には、七〇件以上の強姦事件に関する報告が送られた。一九三八年二月一六日の、貴族院の予算委員会にて、残虐行為に関する新聞記事に言及された。（二三九頁）

右の引用に出てくる「連絡会議」とは、「大本営政府連絡会議」ではなく、外務省と陸海軍省の局長官のあいだの「陸海外三省事務当局連絡会議」を指し示す。広田直属の部下だった石射猪太郎が、南京事件当時、陸海軍省の高官との会合で日本軍将兵による残虐行為の情報を提供し、適切な処置をとるよう何度も圧力をかけたと証言していた（『速記録』第七巻、八頁）。また、「貴族院の予算委員会」云々は、南京大虐殺が終息した頃の二月半ば、中国において日本軍将兵が中国市民に対して頻繁に残虐行為を犯しているとの情報を憂慮した大蔵公望《おおくらきんもち》男爵（貴族院議員）が、政府代表者に答弁を求める模様を記録した貴族院予算委員会議事録に言及している。大蔵男爵の質問に対して政府代表として回答したのは、当時の文部大臣木戸幸一だった（『速記録』第八巻、三四六頁）。

南京事件に関する情報が、日本政府関係者のあいだでどう取り扱われたかを簡潔に述べたあと、ウェブはつづけて「南京後と太平洋戦争前の認識」と題した節を設けている。ここでは、一九三八年一〇月に漢口が陥落した直後、捕えた中国人兵士らを日本軍将兵が集団虐殺した事件に触れるが、その他の具体的な事件については詳説しない。しかし、ウェブは中央政府側の動きにとくに注意し、「陸軍次官は一九三九年二月一五日、支那事変から帰還する将兵が残虐行為について語らないよう適切に取り締まることを命じた」（二三九頁）と記している。ここで言及されているのは、板垣征四郎陸軍大将が法廷で反対尋問を受けていたとき、検察側からの新たな証拠として提出された陸軍省の文書で「事変地より帰還の軍隊、軍人の状況」と題されたものである（『速記録』第七巻、三三一頁）。この文書は、日本軍将兵が残虐行為を中国戦線の各地で続行しているという認識が、陸軍省の高次レベルであったことを示していた。当時の陸軍次官は山脇正隆、陸軍大臣は板垣征四郎だった。

†太平洋戦争の場合

こうしてウェブは、南京事件と南京事件以後の二段階において、日本軍将兵によって犯された犯罪の①性質や規模、②中央政府への情報伝達、そして③中央政府内での情報流通、の三つの点に集中した事実認定について、簡潔な記述を提示した。そして、つづけて太平洋戦争中の状況をたどる。

「太平洋戦争中の認識」と題した節では、日本軍将兵による戦争犯罪の情報が、中央政府でどのように共有されたかに焦点が絞られている。とくにつぎの事実が記されている。

- 諸外国からの抗議を外務省が受けたあと、それらの写しが陸軍省のみならず、海軍省、内務省、法務省といった複数の政府機関に送られた。

- 陸軍省では、こうした抗議が隔週の省内会議で議論された
- 省内会議のあと、陸軍省は関係する戦地の軍司令官や捕虜収容所所長に抗議等を転送した
- 戦線各地の関係者から事実関係に関する報告を受けたのち、陸軍省軍務局の軍務課が回答を準備、そして外務省に送った

以上の事実から、「このシステムにより、残虐行為の情報が政府諸機関を通じて流布するよう、確保された」とウェブはまとめている（二四〇頁）。

その他の関連事項として、戦時中に連合国側が、日本軍将兵による残虐行為の詳細と、日本の指導者に将来その責任を問う意思について報道し、その報道の記録が「外務省、情報局、そして陸軍省と海軍省に回覧されていた」ことが受理された証拠からあきらかになっていた。ウェブは、この事実にも言及している（二四六頁）。

こうして、日本政府内に情報を共有するシステムがあったことを概観したのち、法廷で記録された具体的な戦争犯罪事件のうち主要なものを、ウェブは数頁にわたって記述した。そのなかには、泰緬鉄道における捕虜労働の使役や捕虜虐待の事実が含まれており、受理

された証拠からわかる範囲で、特定の被告人の果たした役割も記されている(二四六―六〇頁)。

†天皇の個人責任

右のように、日中戦争期と太平洋戦争期それぞれで、日本軍将兵の残虐行為の情報がどのように共有されたのかを中心に記述したあと、ウェブは「第五部　通例の戦争犯罪と人道に対する罪」の最後に、事実認定のまとめを提示し、各被告人に対する判決に移行する準備をする。

そこではまず、「もちろん、軍や警察が実際の行為者だったからといって被告人は免責されない」(二六二頁)と記し、BC級戦犯裁判で責任者が処罰されたから東京裁判の被告人は全員無罪、といった類の論を排除している。つづけてウェブは、政府指導者の有する義務と責任についてまとめる。そこではとくに、閣僚などの政府高官の地位にあった被告人と天皇との関係に触れている。当該部分はつぎのとおりである。

東郷や広田のような文官の被告人でさえ、天皇に抗議あるいは訴えるべき地位を占めていたのであり、必要とあれば、残虐行為を止めさせるために日本政府を危機に陥れる

［つまり内閣の瓦解をもたらす］地位にあった。（二六二頁、傍点は加筆）

右の引用では、「天皇に抗議あるいは訴えるべき地位を占めていた」というくだりが注目される。というのは、明治憲法第五五条により「天皇を輔弼し其の責に任」じる義務を負う国務大臣たる閣僚が、半ば恒常化した日本軍将兵による戦争法規違反について天皇に報告し処置を求めたかどうかといった問題について、多数意見は一切沈黙してきたからである。そのかわりに多数意見は、戦争犯罪の情報を得た閣僚は、それを閣議にかける義務を負っていた、という論に終始するだけであった（第一章参照）。

ウェブ判決書草稿は、そのような多数派の沈黙をやぶり、日本政府高官は天皇に訴える義務があったとの見解をあきらかにしている。そしてこれを、被告人に適用すべき個人責任のもう一つの基準としたのである。この基準の具体的な適用は、「第六部　個人に対する判決」にみることができる（次節参照）。

なお、ウェブによる天皇関係の議論は右の記述で終わらなかった。さらにウェブは、「第六部　個人に対する判決」のはじめに、「天皇は指導者だった」と題した節を設けている。そして、そこであらためて天皇の有した権限をとりあげ、天皇個人の責任問題に発展させている。

ウェブはまず、「戦争を行うには、天皇の許可が必要であった」と指摘、「戦争か平和かの決定を下すことのできる人物は、日本でかれ一人であった」と述べる（二七三頁）。同節には、つづけてつぎのようなくだりがみられる。

天皇は進言に基づいて行動するほかはなかったということは、証拠と矛盾している。かれは限定された君主ではなかった。かれが進言に基づいて行動したとしても、それはかれがそうすることを適当と認めたからである。それはかれの責任を制限するものではなかった。しかし、何れにしても、大臣の進言に従って国際法上の犯罪を犯したことに対しては、立憲的君主でも赦されるものではない。（二七三‐四頁、傍点は加筆）

右の引用でウェブは、天皇が国策や国家意思を決定する主体的存在であったことを強調し、検察側や弁護側が法廷でしばしば主張してきたような、いわば天皇ロボット論——つまり、大臣に進言されるままにしか行動できなかったという論——を排除している。また、かりに天皇がロボットのような存在だったとしても、ウェブによると「大臣の進言に従って国際法上の犯罪を犯したことに対しては、立憲的君主でも赦されるものではない」という。これは、「何人も個人責任から免れない」というニュルンベルク裁判と東京裁判の大原則に導かれた法的見解であり、重要である。

なお、ここでウェブが論じる天皇の責任問題は、「裁判長による個別意見」にほとんど訂正なしにそのまま含まれ、裁判記録の一部として公表されている。その含意は終章で論じる。

5 被告人の責任——政府指導者の場合

では、いよいよ戦争犯罪をめぐる各被告人に対するウェブ判決をみてみよう。はじめに政府指導者の事例を四件とりあげ、そのあとに軍指導者の事例五件を分析する。

†平沼騏一郎の事例

先にたどってきたとおり、平沼は枢密院の副議長、議長そして総理大臣などを歴任し、アジア太平洋戦争をつうじて国家権力の中枢に地位を占めた人物であった。ウェブ判決書草稿では、平沼は戦争犯罪についても有罪判決を受けているが、それは日中戦争における残虐行為との関連での有罪であった。ただしウェブは、有罪の根拠を何ら詳説しない。そのかわり、つぎのような一文を記すだけであった。

戦争犯罪と人道に対する罪について――かれは、中国において日本軍が犯したぞっとするような残虐行為を知っていたにちがいなく、それを止めさせるため何もしなかった者のひとりであった。(三四四頁)

ウェブは、個人に対する判決で証拠をくわしく審査するのを慣行としているのに、なぜ右のような簡素な処置ですませたのだろうか。

察するに、ウェブはすでに「第五部　通例の戦争犯罪と人道に対する罪」で、日本政府が戦争犯罪の情報を頻繁に受け、それを中央政府内で共有するシステムが、少なくとも南京事件以降できていたことをあきらかにしていた。そこで、アジア太平洋戦争期をつうじて政府高官であった平沼は、犯罪の事実を「知っていたはず」と判断し、それをいちいち記録しようとしなかった可能性が考えられる。

しかも平沼の場合、一九三九年一月に組閣してまもなくの帝国議会における演説で、日本に抵抗を続ける中国の諸勢力は「潰滅」しなければならないと公言した。この事実がウェブ判決に記されているのは、先に言及したとおりである。このような発言は、中国戦線で日本軍将兵が戦争犯罪を遂行することを政策として平沼が支持していた、と理解され得た。また同じ頃、陸軍省から各部隊に対して、帰還する兵士たちに中国で犯した残虐行為を口外させないようにとの命令が発せられてきたことも、証拠からわかっていた（前節参照）。

ウェブはこうした証拠から、平沼が少なくとも戦争犯罪の事実を「知っていたはず」とみなし、場合によっては、「潰滅」という発言から戦争犯罪の遂行を国家政策として支持していたとも判断した、と推測される。とはいえウェブ判決では、平沼は訴因第五五についてのみ有罪で、訴因第五四については無罪だった。

多数意見では、平沼は戦争犯罪について無罪を言い渡されている（『速記録』第一〇巻、七九六頁）。

†重光葵の事例

平沼の判決は簡略化された内容だったが、ほかの文官の事例では必ずしもそうでない。とくに重光外相のように、諸外国からの抗議や問い合わせに答える立場にあった政府関係者については、被告人の「認識」や言動についてくわしい記述を提示している。

重光に対する個人判決には全部で一二頁が費やされているが、そのうち六ページは戦争犯罪に関係した。ウェブが記す事実関係の要旨は、つぎの三点にまとめられる。

•重光は外相時代、捕虜虐待に関する抗議を何度も受けた
•重光は、戦争犯罪が起こっている事実を知っていた、あるいは戦争犯罪が起きているのではないかと問い合わせるに足る十分な情報を受けていた
•しかし、連合国からの問い合わせや抗議に対して虚偽を含んだ回答を行い、また、捕虜虐待に関する指摘のあった捕虜収容所の訪問を許可しなかった

右の三点を記すにあたり、ウェブは具体的な日本政府側の文書に言及し、重光の回答にあきらかな虚偽があったことを実例で示している（五六三－七頁）。

結論として、外相としての重光は、占領地における抑留民や捕虜を保護するための効果的な行動をとる責任があったとし、それなのに、「何ら適切な問い合わせをせず、スイスや国際赤十字の代表者にそれ［訪問］を許可しなかった」（五六八頁）。また、ウェブは重光の義務不履行についてつぎのような見解を記している。

日本や日本によって占領された各国において、かれら［日本軍将兵や官吏］がぞっとするような虐待を犯していることに対して、世界中から抗議が繰り返されるのに直面しな

がら、かれは、この問題を内閣にもちかけたり天皇に申し入れたりすることを至当とみなさなかった。辞任して〔内閣の〕危機をもたらすということもなかった。（五六八頁、傍点は加筆）

右の引用から、国務大臣たる重光には、日本軍将兵の戦争法規遵守を確保するため権限内のあらゆる手段に訴えるべきであった、とウェブがみていたとわかる。また、重光が権限内でとれたであろう処置とは、①閣議にもちこむ、②天皇に直接訴える、そして、③辞任して内閣の瓦解をもたらす、と判断をしたこともよみとれる。

なお重光は、本当のことを言うと自分は当時、捕虜虐待の問題を何度も閣議にもちだしたし、最高戦争指導会議でも議題にし、「遂には天皇陛下の御力を借りて陛下より度々軍部当局に種々ご下命があった」と獄中日記に記している。（重光『巣鴨日記』三四三、四四〇頁）。しかし、かりにこれらが事実だったとしても、重光は自ら法廷で証言することはなかった。おそらく、裕仁天皇の責任問題に発展することを憂慮したからであろう。

結論としてウェブは、重光を訴因第五五について有罪と判断した。ただし、戦争犯罪が継続していることを知りながら連合国に虚偽の回答をしたことを特筆し、重光は、犯罪行為を止めさせる処置をとらなかったというにとどまらず、むしろ犯罪行為を黙認したとの判決内容になっている。

多数意見では、重光の天皇に対する義務や責任には言及がないものの、ウェブ判決とだいたい同じ理由から訴因第五五で有罪判決だった（『速記録』第一〇巻、八〇三頁）。この有罪判決は、どう評価されるべきであろうか。

従来の東京裁判論では、広田の有罪判決と同様に重光に対する有罪が不当であったという見方が一般化している。しかし、同時代に開催されたニュルンベルク裁判やニュルンベルク継続裁判と比較してみると、元外相の有罪判決は決して異例でなかったことがわかる。

ニュルンベルク継続裁判のひとつ「諸官庁裁判」では、重光よりも下位を占めていたエルンスト・フォン・ヴァイツゼッカーが、ほぼ同様の論理で有罪判決を受けている（ヴァイツゼッカーは、外務省で「副大臣」という地位を占め、これは一般的に言う「外務次官」とやや異なり、政権から任命されるのではなく、キャリアを積んでたどりつける外務官僚トップの官職を指し示す）。

ヴァイツゼッカーは、ソ連とポーランドで行われた大量虐殺やその他の残虐行為に対して責任があると判断された。その根拠は、犯罪が犯されていると知ったにもかかわらず、辞任しなかったからであった。ヴァイツゼッカーは国務大臣ではなかったので、重光と違い、国策決定に直接関与したり辞任で内閣の瓦解をもたらす力はなかった。それでも、ニュルンベルク継続裁判所は有罪判決を下している。法廷審理中ヴァイツゼッカーは、自分は反ヒトラー運動に寄与するため——つまり平和を企図して——政府に残ったのだと弁明した。しかし裁判所は、ヴァイツゼッカーの言葉は「信じる」としながらも、それは大虐殺に加担することを正当化する何らの弁明にならないとして、退けている（ＴＷＣ、第一四巻、四九七－八頁）。

†小磯国昭と東郷茂徳の事例

小磯国昭陸軍大将は、関東軍参謀や朝鮮軍司令官といった中国大陸に駐屯する軍部隊トップの地位を歴任したほか、行政機関でも重職を占め、一九三〇年に陸軍省軍務局長に就任、一九三二年には陸軍次官、平沼内閣と米内内閣では拓務《たくむ》大臣、のちに朝鮮総督、そして一九四四年七月から一九四五年四月までは総理大臣に就任するなど、中央政府での職務実績が豊富だった。

ウェブは、この人物の判決に一一頁費やしているが、そのほとんどが平和に対する罪をめぐる事実認定の記述であり、戦争犯罪に関する部分はきわめて略述である。その部分の全文を引用すると、つぎのとおりである。

かれが占めた全ての地位は、日本人によって戦争法規が遵守されているようにする義務が課せられていた。かれは、アメリカやイギリス政府からの抗議から……それらが遵守されていないとの警告を十分に受け、それら［戦争法規違反］を止めさせる効果的なことは何もしなかった。（四三五頁）

すでにみてきたとおり、ウェブは平沼に対する判決でこれに類似する短い判定を下していた。察するに、平沼の場合と同じように、「第五部」にて中央政府の認識の問題をすでに取り扱ったので、小磯に対する個人判決では、詳細をいちいち書かなくてもよいと判断したのかもしれない。

しかし小磯の場合、ウェブは訴因第五四と第五五の両方について有罪と判断しているので、少なくとも前者の判決について説明が望まれた。小磯は、関東軍参謀だったときアヘンの売買に関与し、ウェブはこの問題について一節を設けて記述しているので、あるいはその関係での有罪とも考えられる。いずれにしても、戦争犯罪に関する証拠の分析が不十分であった（なお多数意見では、戦争最高指導会議で捕虜問題が論じられたという鈴木九萬の証言のため、不作為責任で有罪とされたようである）。

他方、外務大臣の地位を占めたことで重光と似た境遇にあった東郷茂徳の事例をみてみると、ウェブは全部で二四頁を費やして東郷の責任問題を扱うが、その大部分は平和に対する罪に関係し、戦争犯罪に関しては、捕虜虐待問題について二頁弱が割かれるのみであった。それでも、平沼や小磯より分量的には多いほうである。

これらの頁でウェブは、諸外国から受けた捕虜取り扱いについての問い合わせや抗議を東郷がどう扱ったかをたどり、最後につぎのようにまとめている。

> 外務大臣としてかれは、日本の権限内にある捕虜やその他の連合国市民を守る義務について甚だしく怠慢であった。かれは、内閣を危機に陥れるか、天皇に注意を喚起することができたはずであった。もしそうしていたならば、［東郷が］これらの状況改善を確保できなかったと信じる何の理由もない。（六二〇頁）

右の引用では、重光の場合と同じように東郷が①内閣に働きかけることと、②天皇に直接注意を喚起すること、③辞任して内閣の瓦解をもたらすことを権限内の処置と判断しており、東郷が犯罪の事実を認識しながらも、いずれの手段にも訴えなかったとして、訴因第五五で有罪だった（多数意見では無罪）。

6　被告人の責任——軍指導者の場合

前節では政府指導者に対する判決を素描してみたが、重光の場合を除いて記述が概して略式だった。その主たる理由は、「第五部」での事実認定に依拠して処理したため、と考えられる。

では、戦線各地で軍部隊を指揮した軍人の場合はどうだろうか。結論からいうと、ここでも、「第五部」の事実認定が被告人の認識を裏づける基礎的根拠となりつづける。しかし、各地の軍司令部に派遣された軍司令官や軍参謀たちは、国策を決定する政府機関より下位の地位にて活動した者たちからなり、特定の戦争犯罪事件との関連性について、より細かな審査が求められる場合が多かった。陸海軍省の高官も同様である。そんなときウェブは、比較的くわしく証拠を審査している。ここでは、事例五件をみてみる。

†土肥原賢二の事例

土肥原賢二は、満州事変当時、在満特務機関長として満州国設立に重要な役割を果たした人物だ。太平洋戦争の勃発する以前には、陸軍大将まで昇級した軍人である。ウェブは、土肥原を訴因第五五について有罪と判断しているが、その判定の根拠となる事実認定は、太平洋戦争期の戦争犯罪に関係し、つぎのようにまとめられる。

- 太平洋戦争の一時期、土肥原は東部軍司令官に任命されていた。ウェブによると、東部軍司令官は「東京周辺の捕虜収容所に管轄を有し」、新潟県にある直江津《なおえつ》収容所がそのなかに含まれていた。同収容所では一九四三年九－一〇月、約六〇名の捕虜が餓死あるいは虐待のため死亡している。ウェブによると、土肥原は個人的にこの収容所を視察したが、その後も収容所の状況に何ら改善がみられなかった（三〇五頁）。
- 土肥原はその後、シンガポールを拠点とした第七方面軍司令官に任命されたが、「マラヤ、スマトラ、ジャワ、ボルネオで捕虜や抑留民の虐待事件が多くあった」。ウェブはここで、弁護側証人のひとり綾部《あやべ》橘樹《きつじゅ》陸軍中将の宣誓供述書に言及、その証言によると、板垣征四郎が朝鮮からシンガポールに転属され、土肥原にかわり第七方面軍司令官の任務につくと、「捕虜にできる限り最良の処遇を提供するようにつとめ、収容所には目立った改善がみられた」とのことであった（三〇五頁）。ウェブはこの証言から、土肥原は収容所の状況を知るべきであり、またその状況を改善することもできた、と判断した。

ウェブは結論として、「土肥原に捕虜を保護する戦争法規の遵守を確かめる責任があったということを、直江津収容所の視察は示している」のであり、土肥原はこの責任を、直江津の場合でもシンガポールの場合でも「無視した」。そして、日本軍将兵による捕虜虐待に対して世界中から抗議があったことから、土肥原は実情を調査し、他の司令官らにもそうさせるべきだったという(三〇七頁)。ウェブ判決の「第五部」では、捕虜関係の苦情が、中央政府から関係する軍司令官や捕虜収容所所長に伝えられたとされていた。ここでウェブは、その事実認定に暗に言及し、土肥原がそうした抗議を受理したはずだとみなしたようである。

†畑俊六の事例

多数意見で畑は、訴因第五五について有罪判決を受けていたが、事実認定に具体性が欠落していた(『速記録』第一〇巻、七九六頁)。それに対してウェブ判決では、畑の責任を裏づける論拠をくわしく説明したうえで有罪判決を下している。

ウェブの指摘する関連事実のひとつは、一九三八年に畑の指揮下にある軍隊が中立国の資産を破壊し、略奪し、あるいは冒瀆し、また中立国の市民を殺し、それらのことについて、米国の大使ジョセフ・グルーから日本外務省に抗議がなされたことである（三二六頁）。この情報を畑が個人的に受けていたという証拠は受理されていなかったとみられ、ウェブ判決ではそのような証拠への言及はない。しかし、「第五部」であきらかにされた情報共有のシステムに依拠して、畑が知っていたかあるいは知っていたはずだという論が考えられ、おそらくウェブはその理論的立場をとった。

畑が一九四一年三月から一九四四年一一月まで支那派遣軍総司令官の任についた時期については、畑が戦争犯罪事件に直接かかわった具体例があげられている。それは、一九四二年四月に帝都その他を襲撃した「ドゥーリトル航空兵」の処遇をめぐる畑の役割である。ドゥーリトル航空兵のうち、中国に不時着したものは畑の指揮下にある日本陸軍の捕虜となり、一九四二年八月に軍法会議にかけられ皆死刑を宣告されたうえ、うち三名は実際に処刑された。ウェブ判決書草稿によると、この裁判で捕虜たちは、起訴内容が何か知らされず、通訳も弁護人も与えられなかった。畑はこの裁判がどのように実施されたかの報告を受け、そして、「死刑を要求するよう」指示したということである（三二五頁）。

畑が支那派遣軍総司令官であったときに中国戦線で起こった他の戦争犯罪については、詳説していないが、ここでもウェブは「第五部」の事実認定に依拠したのだろう。畑指揮下の日本軍将兵が犯した戦争犯罪は、「あまりに大規模であり、あまりにも長いあいだ広域にわたった」ことから、畑が「知っていたかあるいは知っていたはず」との判断を記している。さらにウェブは、「高次レベルでの抗議が何度もあった」ことを指摘し、実際起こっていると知っていた犯罪を「止めさせる権限と力」を有しながら、畑はその行使を怠った、とまとめている(三二七頁)。

†木村兵太郎の事例

木村は多数意見で、訴因第五四と第五五の両方について有罪判決を受け、多数意見の個人に対する判決では、どちらかというと、有罪を支える事実認定と理由づけがくわしく記述されている方だった(『速記録』第一〇巻、七九九頁)。多数意見に記される事実認定は、①木村が陸軍次官だったとき捕虜労働を許可したこと、②泰緬鉄道での捕虜労働使用の命令を木村が承認したこと、そして、③ビルマ方面軍司令官だったとき、軍司令部から二、三マイルしか離れていない地区で多くの虐殺が部下将兵によって行われながらも、それを止めさせる適切な処置をとらなかったこと、以上三点であった。

ウェブの事実認定でも、同じ一連の戦争犯罪事件に光が当てられている。しかし、そこでは九頁にわたるくわしい記述がなされ、戦争犯罪と木村とをむすびつける直接的な証拠を列挙している。

まずウェブは、木村が陸軍次官をつとめているあいだ、外務省が受けとった諸外国からの戦争犯罪に関する抗議は、重要でないものは俘虜情報局にまわされ、重要なものは陸軍次官に送られたと指摘する。木村が受けとった抗議でイギリス政府からのものは、ビルマにおける捕虜虐待に関し、アメリカからのものはフィリピンや中国における捕虜や抑留民の処遇に関する抗議だった。陸軍省はたった一つの抗議のみに回答し、しかもその内容は、抗議内容にある事実を否定するための虚偽のものだったという（四一六頁）。

さらにウェブが指摘するところによると、捕虜収容所は陸軍省の監督と権限下にあり、また別の勅令により、陸軍次官は陸軍大臣を補佐し、省の業務を調整し、省を構成する複数の部や課を監督する義務を有していた（四一六－七頁）。そして木村は実際、捕虜処遇について自ら指示に当たることがあり、ウェブはそれを例証している。具体的には、木村は一九四三年三月、イギリス人やアメリカ人捕虜を朝鮮半島に連行する処置をとった当事者であった。そのとき木村は、朝鮮半島に駐屯する日本軍部隊（朝鮮軍）に対して、「かれらに提供されるよう提案されている収容所が良好すぎる、と苦情を述べた」（四一七頁）。またウェブは、泰緬鉄道建設に捕虜を使役することや捕虜処遇に関する政策について、木村が積極的な役割を果たしたこと、また、当地で使役される捕虜の死亡率が非常に高いことを知っていたことも指摘した（四一七－八頁）。

一九四四年九月以降、木村がビルマ方面軍司令官の任についてからの戦争犯罪についても、ウェブ判決書草稿は多数意見よりくわしく記述している。ここでは、ビルマ戦線で広域にわたり日本軍将兵が犯した戦争犯罪の証拠を分析し、そこから推論される木村の認識を論じる。残虐行為の事例には、戦場司令官の命令によって行われた大規模な虐殺事件が含まれるほか、地理的な範囲、事件現場からビルマ方面軍司令部までの距離、木村の軍司令部が受けた抗議、軍の指揮系統、そして木村により「命令され指示された」捕虜収容所所長の証言、といった事柄を分析の対象とした。

以上のような証拠をもとに、木村は犯罪の事実を知りながらそれを止めさせる義務を果たさず、また、犯罪の遂行を決定し実施させた当事者の一人である、とウェブは判断した。よって、訴因第五四と第五五の両方について有罪とまとめている。

†岡敬純の事例

岡敬純海軍中将は、一九四〇年から一九四四年まで海軍省軍務局長をつとめ、太平洋戦争中に海軍中将まで進級をとげた海軍組織におけるエリート官僚である。多数意見では、証拠の分析らしい分析はない。ただ、「岡のいた海軍省は、捕虜の福祉に関係していたので海軍の兵員が捕虜に対して戦争犯罪を犯しつつあったことを、かれは知っていたか、知っているべきであったということを示すような、いくらかの証拠はある」と記す。ところが不可解なことに、多数派は無罪の判定を下した（『速記録』第一〇巻、八〇一頁）。

この人物に関するウェブの判決は二一頁におよぶが、その大部分が、戦争の計画と準備に岡の果たした役割や影響力をたどることに費やされた。戦争犯罪に関係する部分は二頁ほどで、捕虜虐待の問題について岡の責任が審査されている。ここでウェブは、岡自身による証言をとりあげ、海軍省軍務局が捕虜に関する規則や報告、そして外務省から転送された捕虜虐待に関する抗議に答える義務があったことを、被告自身が認めたことをあきらかにしている（五一三頁）。また、海軍の管轄である捕虜の処遇や輸送に関して、海軍省軍務局がどう捜査をし指示を発したかも説明している。

右の事実を根拠として、海軍管轄の捕虜に対する「拷問、餓死、そして虐待による死亡」について義務不履行が確定したとし、訴因第五五で有罪としている。ただしウェブは、海軍軍令部の命令により実行されたとされる二種の海軍関係残虐事件――①ケゼリン等の太平洋諸島における米捕虜の処刑と、②いわゆる「潜水艦残虐行為」――については、「証拠からは、かれがこれらの命令の関係者だとはみいだされない」とまとめている（五一六－七頁）。

†佐藤賢了の事例

佐藤賢了陸軍中将は、日中戦争と太平洋戦争の遂行される時期の大部分は、陸軍省軍務局に所属し、陸軍省軍務局軍務課員、軍務課長といった地位を占めたのち、太平洋戦争勃発後は軍務局長に就任した。軍務課員だったときは、陸軍省側の説明員として帝国議会にて発言権をもった人物である。

多数意見では、佐藤は太平洋戦争期、たしかに捕虜虐待の苦情を取り扱った陸軍省内の隔週の会議に軍務局長として参加し、「佐藤が知っていたことは、疑いがない」としながら、「かれ［東条］の部下であった佐藤は、自分の上官の決定に反対して、みずから進んで予防措置をとることはできなかった」との理由で、無罪と判定していた（『速記録』第一〇巻、八〇二頁）。多数派による判定は、多数派が自ら明記した責任の基準に照らし合わせると疑問が残る（「捕虜の福利に関係する官庁の職員」の責任、第一章参照）。また、東京裁判所憲章に明記される個人責任の原則とも相容れない。

これに対してウェブ判決書草稿では、九頁にわたる個人判決のうち三頁が、佐藤の戦争犯罪に対する責任の論述に費やされている。そこでは、佐藤が陸軍省軍務局長をつとめるあいだ、捕虜収容所を建設することや捕虜虐待の抗議に答える責任があったこと、捕虜問題などがとりあげられた隔週の陸軍省内の会議に参加したことが指摘されている。そして、一九四二年四月に東条陸相が捕虜を全員働かせると決定した省内会議があるが、それに佐藤は参加していた。ウェブはこの事実も指摘している（五五四頁）。

よって佐藤は、軍務局長でいるあいだ捕虜処遇に責任がありながら、戦争遂行に関連する作業に捕虜労働が行使され、あるいは捕虜が虐待されるのを止めさせる何ら処置をとらなかった、とウェブはまとめた。つまり、岡の場合と同じように、①佐藤の占めた地位から生じる責任や権限、そして、②地位から生じる責任や義務をかれがどのように履行したのか、を審査することにより、佐藤の有罪を決定したのであった。

終　章

「裁判長による個別意見」の遺産

法廷の様子。天皇制を中心とした日本政府組織のしくみが掲示されている。
〔アメリカ公文書館FE-238〕

前章では、ウェブ判決書草稿でどのような法理論と事実認定が展開され、そして、各被告人に対する起訴内容についてどのような判定が下されたかをたどってみた。ウェブ判決書草稿の特徴はつぎの四点にまとめられる。

- ウェブは、起訴内容に適用する法的基準をあきらかにした
- ウェブは、受理された証拠のなかで、被告人ひとりひとりにもっとも関連性のあるものを集中して取り扱った
- ウェブは、そうして集めた証拠を「挙証責任」(burden of proof)や「無罪の推定」(presumption of innocence)という原則のもと審査した
- ウェブは、被告人ひとりひとりに対する法的結論と最終判決にどのように行き着いたかについて、筋の通った説明を提示した

右のような特徴をもつウェブ判決書草稿は、それが東京裁判所の判決として採用されなかったとはいえ、その本質は、模範的な判決であったといえる。それに対して、実際に判決として採用された多数意見や、第三章で論じたレーリンクによる反対意見は、右のような作業が不徹底だった。第二章で論じたパル意見については、こうした作業に一切取り組ま

なかったことから、ウェブ判決書草稿と比較の対象にならない。

とはいえ、ウェブ判決書草稿に何らの欠点もないとか、完璧な判決だったというわけではない。戦争犯罪に関する個人判決では、数人の被告人に対する有罪の根拠づけが不十分なところがあったのは、第四章でみてきたとおりである。それでもウェブ判決書草稿は、右の四点を実践していることにより、他一〇名の同僚判事が著した判決や意見よりはるかに優秀であったと評価されてまちがいない。

しかし、ウェブはこの秀逸な判決書草稿を差し控えた。そしてそのかわり、「裁判長による個別意見」と名づけたごく短い賛意意見を提出した。では、その個別意見には何が記されたのだろうか。判決書草稿のかわりにそれを提出した真意は何なのか。本書の終章では、このふたつの問いに答えてみたい。

✝ウェブは多数派と同意見ではなかった

ウェブが公表した個別意見は、英文の刊行資料では九ページのみの短い文書である。その冒頭には、「序言」と題した節が設けられ、ウェブは、判決書草稿を当初は準備しつつ、最終的には提出を差し控えた経緯をそこで説明している。なお、一九四八年に東京裁判所の翻訳者たちが多数意見と個別意見を和訳した時点では、個別意見に付す「序言」をウェブはまだ書いていなかったようで、国会図書館に保存されている邦訳版には「序言」が含まれていない。ここでは、ボイスターとクライヤーの刊行資料の六三一頁に含まれるものを訳出する。

「序言」の冒頭部分を、まず引用する。

序言
本官は、法と事実認定へのアプローチの仕方について裁判所の多数派と同意することができなかったので、それぞれ独自の判決を書くことを提案し、かれらはそれに同意した。しかし、かれらに実質的に賛成であると本官自身が判断した範囲においては、本官の判決を引き下げると告知した。今みたところでは、多数派の判決はほとんど本官のものと同じ結果らしい。
よって、本官は添付したページを除いて本官の判決を引き下げる。

右の引用によると、ウェブと多数派は「法と事実認定へのアプローチの仕方」について相容れず、そのためそれぞれの納得のいく判決を執筆するとの合意に至っていたという。しかし、ウェブ判決と多数派判決が、結局は「同じ結果らしい」ので、多数派にゆずるということである。

これだけ読むと、ウェブと多数派の意見があたかも一致したかのような印象をうける。しかし、ここでウェブが「同じ結果」と述べ、「同意見」と書かなかったのは意図的であろう。本書で実際みてきたとおり、ウェブと多数派は被告人全員を一つ以上の訴因について有罪とした点では同じでも、その結論に行き着くまでの「法と事実認定へのアプローチの仕方」に、大きな隔たりがあった。

しかもウェブは「序言」でつづけて、「各被告人については、本官は自分の判決の三八〇頁以上を個人のケースに費やし、起訴状をめぐるいくつかの予備的な考察、被告人に帰せられる認識（the imputing of knowledge to the accused）、そして処罰に関する考慮もそこに含まれる」とわざわざ書き、各被告人に対する判決の取り扱いが多数意見と大きく異なったことを示唆している。ここに言及される「三八〇頁以上」とは、言うまでもなく、ウェブ判決の「第六部　個人に対する判決」の部分であって、ウェブが提出した「裁判長による個別意見」には含まれなかった。

当の個別意見については、「序言」の説明するところによると、「一般的な事柄を取り扱い、裁判所憲章、［裁判の］管轄、そして侵略戦争に対する日本の責任問題についての認定を支持する」記述が含まれるということであった。

†ウェブ個別意見の論点

右の説明につづいて、ウェブは自らの「個別意見」を展開する。

はじめにでてくる節は「法」と題され、裁判所憲章の規定、そして憲章と国際法との関係が論じられる。つぎにでてくるのは「平和に対する罪」と題された節で、パリ条約の解釈を中心とした法律問題がとりあげられている。いずれの節も一頁のみの記述で、多数派よりずっと簡潔に書かれているという点以外は、多数意見と内容がほぼ同じであった。しかし、「裁判長による個別意見」の残る数頁では、多数意見との異論が展開された。ウェブの異論はつぎの三点であった。

一つ目は、共同謀議論の扱いに関するものだった。裁判中、ウェブと多数派のあいだで、共同謀議を実体的な犯罪とみなせるのか、それとも命令・教唆・幇助といった責任論の一形態とみなすべきなのかについて意見が分かれていた。多数派は前者の立場をとっていたが、ウェブは異議を唱えた。「純粋な共同謀議という犯罪」(八頁)は、国際法に根拠をみいだすことができないとして、ウェブはそれを退けている。

二つ目は、量刑をめぐる問題であった。ウェブはその個別意見で、ニュルンベルク裁判での量刑の基準を分析し、そのうえで東京裁判所の適用するべき量刑の基準――とくに死刑に関する基準――を明記している。ウェブが指摘するところによると、ニュルンベルクでは被告人一二名が、平和に対する罪の訴因か共同謀議の訴因、あるいは両方で有罪判決を受けているが、その一二名のうち死刑を宣告された七名は、すべては戦争犯罪と人道に対する罪についても有罪だった。そして、一二名のうち残る五名は終身刑だった。ニュルンベルク裁判におけるこのような量刑パターンを踏まえ、ウェブは、「日本人被告を取扱うについては、ドイツ人被告に対するほどの考慮を払わないというのでない限り、どの日本人被告も、侵略戦争を遂行する共同謀議をしたこと、この戦争を計画および準備したこと、開始したこと、または遂行したことについて、死刑を宣告されるべきではない」と記した（一五頁）。なお、多数意見は、量刑の基準について何らの議論も提供していない。

†裕仁天皇の個人責任

そしてウェブの多数派に対する三つ目の異論は、多数派にとってタブーだった天皇の個人責任であった。ここに含まれる記述は、判決書草稿の「第六部　個人に対する判決」の初めの部分に含まれていたものであって、ウェブはそれに大きな修正を加えることなく、個別意見に書き残した。つまり、「第六部」を構成する三八〇頁以上の個人に対する判決のほとんどは、「序言」で示されるとおり、ウェブはその提出を差し控えたが、同じ部に含まれた天皇の責任に関する部分だけは、あえて公表に踏み切ったのである。ウェブはその「個別意見」で、「天皇の免責」と題した節を設け、問題の核心をついたつぎの一文により記述をはじめる。

天皇の権限は、かれが戦争を終らせたときに疑問の余地がないまで証明された。戦争を終らせたときと同様、戦争を始めるにあたって、かれが演じた顕著な役割は、検察側によって導き出された否定できない証拠の対象であった。(一六頁)

さらに、「戦争を行うには、天皇の許可が必要であった」のであり、「もしかれが戦争を望まなかったならば、その許可を差控えるべきであった」と指摘する。そして、天皇がもし戦争開始の許可を差し控えたならば、天皇自身の命の危険があったかもしれないという弁明にも答えている。ウェブによると、「この危険は、自己の義務を危険があっても遂行しなければならない統治者のすべて」が負うものであり、「いかなる統治者でも……そうしなければ命が危うかったというのであるからといって、それ［侵略戦争］を犯したことについて、赦されるものと正当に主張することはできない」(一七頁)。よって、これは弁明として成り立たないとの見解であった。

ウェブは、法廷で検察側と弁護側の両方が主張したもうひとつの弁明――つまり、裕仁天皇は国務大臣等の進言のみに基づき行動していたから責任が問われない、という論――にも答えている。当該部分は、前章（第四章）で言及したものと同一であるが、ここでくりかえし引用するに値する。

> 天皇は進言に基づいて行動するほかはなかったということは、証拠と矛盾している。かれが進言に基づいて行動したとしても、それはかれがそうすることを適当と認めたからである。それはかれの責任を制限するものではなかった。しかし、何れにしても、大臣の進言に従って国際法上の犯罪を犯したことに対しては、立憲的君主でも赦されるべきものではない。（一七頁、傍点は加筆）

右の引用で、「証拠と矛盾している」というくだりがあるが、これは法廷審理中、検察側と弁護側双方により、各被告人による戦争の計画、準備、開始、遂行を裏づける膨大な証拠が受理され、それらの証拠には、満州事変から太平洋戦争の終焉に至るまでのあらゆる段階で、国策決定に主体的に関わる国家元首・大元帥裕仁の姿が浮き彫りになっていた。おそらくウェブは、これらの証拠に言及したのであろう。多数意見ではそのような証拠はほとんど無視されていた。そして、帝国日本の国策決定機構の中枢をなす天皇制が、あたかも重要な政治的あるいは軍事的権限をもたないかのような扱いであった。

ウェブが判決書草稿の提出を差し控えながら、あえて個別意見の提出に踏み切った理由は、まさにここにあるのではないだろうか。一方でウェブは、多数意見と「法と事実認定へのアプローチの仕方」が大きく異なるが、だいたい「同じ結果」に行き着いたので多数意見にゆずることにした。つまり、ある意味で多数派の顔を立てる道をえらんだ。しかし他方では、天皇の責任問題を終始タブー視し、いかに裕仁天皇個人が戦争の計画、準備、開始、遂行に主体的な役割を果たした事実が受理した証拠から浮かび上がろうと、それらすべてに目をつぶる多数派に物申す必要性を感じた。そこで、「裁判長による個別意見」を用意し、右の節を公表するに踏み切った、そう考えられるのである。

実際ウェブは、多数派のひとりアメリカ代表判事マイロン・クレーマー宛の一九四八年九月一五日付け覚書に、多数意見が天皇をタブー視し、その責任問題への言及を避けていることを諭していた。曰く、「戦争の開始と終了のさいに天皇が果たした役割についての言及がまったくないことに、わたしは気づきました。もし判決書がかれの役割をここまで軽んじて扱ってしまっては、痛烈な批判をうけることになるでしょう」(NAA MI417/1 26)。

あとがき

本書は、戦犯裁判研究にそれぞれ経験をもつ法学者と歴史家とによる共同研究を方法論上の大きな特色とし、双方の強みを併せ生かしたものである。

そもそも国際法史上の一大刑事事件であった東京裁判の功罪を検証するには、国際法や刑法の高度な専門知識が欠かせない。それは、ニュルンベルクに始まり冷戦後に再開された国際刑事裁判の膨大な判例にも通じていなければならないことも意味する。しかし、近年までの東京裁判研究では、そのような専門知識を有する学者が東京裁判記録の分析にとりくむことがなく、法学の視点からみた東京裁判論に限界があった。共著者のひとりコーエンは、対独・対日戦犯裁判研究を早くから手がけ、ニュルンベルク・東京裁判にはじまり、ハーグやカンボジア等でも実施されるようになった国際刑事裁判の法理学を網羅する。欧州各国語とくにドイツ語に長け、ギリシア・ローマ古典学、ドイツ史、第二次世界大戦史、および現代社会における人権、国際法、移行期の正義にくわしい。

もうひとりの共著者戸谷は、日本現代史の分野にあり、日英バイリンガルであるほか、分野を超えた多角的な歴史研究になじむ。二〇〇〇年ごろから東京裁判を皮切りに対日戦犯裁判の研究にとりくみ、『東京裁判——第二次大戦後の法と正義の追求』と『不確かな正義——BC級戦犯裁判の軌跡』を世に送り出した。これらの書では、法学と歴史学両方の方法論をとりいれた裁判研究を試み、同時代のニュルンベルク諸裁判と今日の国際刑事裁判との比較研究の視点からも分析した。しかし対日戦犯裁判研究には、日本研究や歴史学の知識だけでなく国際刑法の専門知識が肝要であり、その論理的帰結として本書に至る共同研究が成立した。

本書のもととなる *The Tokyo War Crimes Tribunal: Law, History, and Jurisprudence* を完成させるための共同研究は十年近くにわたった。*The Tokyo War Crimes Tribunal* は、平均的な人文・社会学術書の二倍以上の分量で、序章と終章をいれて全十六章からなる。その一つ一つは、著者が共同で推敲に推敲を重ねて著したものである。書き下ろし版の本書も同様であり、文責は著者が共同で負う。

本書の出版は、新書編集部の松田健氏をはじめ筑摩書房の方々のご支援・協力があって実現した。この場を借りて、心から御礼申し上げる。

二〇一八年九月一五日

デイヴィッド・コーエン
戸谷由麻

主要文献

本書は、二〇一八年秋にケンブリッジ大学出版から出版の *The Tokyo War Crimes Tribunal: Law, History, and Jurisprudence*（東京戦犯裁判——法、歴史、法理学）をもとに執筆されている。ここでは、研究に使った各地の公文書館や図書館、主要な刊行資料、本書にとくに関連性のある若干の学術書と論文の一覧のみを提供する。英語の学術書で邦訳があるものは、邦訳の方を記載した。

公文書館等

アメリカ公文書館
イギリス公文書館
オーストラリア公文書館
オーストラリア戦争記念館
オランダ外務省文書館
オランダ公文書館
国立国会図書館
フーバー図書館・文書館
ヴァージニア大学法学院図書館
靖国神社偕行文庫

刊行資料

Documents on Australian Foreign Policy, 1937–1949, 16 vols. Canberra: Australian Government Publishing Service, 1975–2001.

Documents on New Zealand External Relations, Vol. II: The Surrender and Occupation of Japan. New Zealand: P. D. Hasselberg, Government Printer, 1982.

Documents on the Tokyo International Military Tribunal: Charter, Indictment, and Judgments. Edited by Neil Boister and Robert Cryer. Oxford University Press, 2008.

Foreign Relations of the United States. U.S. Department of State. Washington DC: U.S. Government Printing Office.

The Law of War: A Documentary History. 2 vols. Edited by Leon Friedman with a Foreword by Telford Taylor. New York: Random House, 1972.

The Tokyo War Crimes Trial. 22 vols. Annotated, compiled, and edited by R. John Pritchard and Sonia Magbanua Zaide. New York and London: Garland, 1981.

The Tokyo War Crimes Trial: The Comprehensive Index and Guide to the Proceedings of the International Military Tribunal for the Far East in Five Volumes. 5 vols. Annotated, compiled, and edited by R. John Pritchard, Sonia Magbanua Zaide, and Donald Cameron Watt. New York and London: Garland, 1981–1987.

Trial of the Major War Criminals before the International Military Tribunal: Nuremberg, 14 November 1945 – 1 October 1946. 42 vols. Nuremberg, Germany, 1947–1949.

Trials of War Criminals before the Nuernberg Military Tribunals Under Control Council Law No. 10,

October 1946 - April 1949. 15 vols. Washington, DC: U.S. Government Printing Office, 1949-1953.
Records of the Chief Prosecutor Relating to Preparation for and Conduct of Cases Tried at the International Military Tribunal for the Far East 1946-1948 (microfilm). 18 rolls. College Park, MD: National Archives and Records Administration.
『共同研究　パル判決書（上・下）』講談社学術文庫、一九八四年
『極東国際軍事裁判速記録』全一〇巻、雄松堂書店、一九六八年
『戦争犯罪調査資料――俘虜関係調査中央委員会調査報告書綴（現代史研究叢書　7）』東出版、一九九五年
『東京裁判への道――国際検察局・政策決定関係文書』全五巻、現代資料出版、一九九九年

学術書、学術論文等

Cohen, David. "Beyond Nuremberg: Individual Responsibility for War Crimes." In *Human Rights in Political Transitions: Gettysburg to Bosnia*. Edited by Carla Hesse and Robert Post. New York: Zone Books, 1999. pp. 53-92.
__________. "The Historiography of the Historical Foundations of Theories of Responsibility in International Criminal Law." In *Historical Origins of International Criminal Law*, vol. 1. Edited by Morten Bergsmo, Cheah Wui Ling, and Yi Ping, New York: Torkel Opsahl Academic EPublisher, 2014, pp. 23-83.
__________. "Military Justice from WWII to Guantanamo: Fair Trials, Judicial Murder, and International Standards in WWII War Crimes Trials in Asia." In *Summa Dieter Simon zum 70. Gebeurtstag*. Edited

by Rainer Maria Kiesow, Regina Ogorek, and Spiros Simitis. Frankfurt am Main: Vittorio Klostermann, 2005, pp. 59–80.

__________. "The Singapore War Crimes Trials and Their Relevance Today." *Singapore Law Review* 31 (2013): pp. 1–38.

Cryer, Robert. "Roeling in Tokyo: A Dignified Dissenter." *Journal of International Criminal Justice*, 8 (2010): 1109–1126.

Fitzpatrick, Geogina, Tim McCormack, and Narrelle Morris, eds. *Australia's War Crimes Trials 1945–51*. Brill Nijhoff, 2016.

Futamura, Madoka. *War Crimes Tribunals and Transitional Justice: The Tokyo Trial and the Nuremberg Legacy*. London; New York: Routledge, 2008.

Harries, Meirion and Susie. *Sheathing the Sword: The Demilitarization of Postwar Japan*. New York: Macmillan, 1987.

Lord Wright. "War Crimes and International Law." *International Law Review*. January 1946: 40–52.

Oppenheim, L. *International Law: A Treatise*. 6th Edition. 2 vols. Edited by H. Lauterpacht. London, New York, and Toronto: Longmans, Green and Co., 1940.

__________. *International Law: A Treatise*. 7th Edition. 2 vols. Edited by H. Lauterpacht. London, New York, and Toronto: Longmans, Green and Co., 1951.

Piccigallo, Philip R.. *The Japanese on Trial: Allied War Crimes Operations in the East, 1945–1951*. Austin: University of Texas Press. 1979.

Sissons, D. C. S. "Australian War Crimes Trials and Investigations (194–1951)." Available at the U.C.

Berkeley War Crimes Studies Center Web site. https://www.ocf.berkeley.edu/~changmin/documents/Sissons%20Final%20War%20Crimes%20Text%2018-3-06.pdf.
Taylor, Telford. *The Anatomy of the Nuremberg Trials: A Personal Memoir*. New York: Alfred A. Knoph, 1992.
United Nations War Crimes Commission, comp. *History of the United Nations War Crimes Commission and the Development of the Laws of War*. London: His Majesty's Stationery Office, 1948.

粟屋憲太郎『東京裁判への道（上・下）』講談社選書メチエ、二〇〇六年
粟屋憲太郎『東京裁判論』大月書店、一九八九年
牛村圭『「文明の裁き」をこえて――対日戦犯裁判読解の試み』中公叢書、二〇〇一年
内海愛子『日本軍の捕虜政策』青木書店、二〇〇五年
大岡優一郎『東京裁判――フランス人判事の無罪論』文春新書、二〇一二年
重光葵『巣鴨日記』文藝春秋新社、一九五三年
芝健介『ニュルンベルク裁判』岩波書店、二〇一五年
田中利幸、ゲリー・シンプソン、ティム・マコーマック編『再論　東京裁判――何を裁き、何を裁かなかったのか』饗庭朋子、伊藤大将、佐藤晶子、高取由紀、仁科由紀、松島亜季訳、大月書店、二〇一三年
戸谷由麻『東京裁判――第二次大戦後の法と正義の追求』みすず書房、二〇〇八年
戸谷由麻『不確かな正義――ＢＣ級戦犯裁判の軌跡』岩波書店、二〇一五年
永井均『フィリピンと対日戦犯裁判、１９４５－１９５３』岩波書店、二〇一〇年
中里成章『パル判事――インド・ナショナリズムと東京裁判』岩波新書、二〇一一年

日暮吉延『東京裁判の国際関係――国際政治における権力と規範』木鐸社、二〇〇二年
日暮吉延『東京裁判』講談社現代新書、二〇〇八年
林博史『裁かれた戦争犯罪――イギリスの対日戦犯裁判』岩波書店、一九九八年
L・ファン・プールヘースト『東京裁判とオランダ』水島治郎、塚原東吾訳、みすず書房、一九九七年
藤田久一『戦争犯罪とは何か』岩波新書、一九九五年
アーノルド・C・ブラックマン『東京裁判――もう一つのニュルンベルク』日暮吉延訳、時事通信社、一九九一年
N・ボイスター、R・クライヤー『東京裁判を再評価する』藤田久一、粟屋憲太郎、高取由紀監修翻訳、二〇一二年
細谷千博、安藤仁介、大沼保昭編『国際シンポジウム 東京裁判を問う』講談社、一九八四年
リチャード・マイニア『勝者の裁き』安藤仁介訳、新装版、福村出版、一九九八年
B・V・A・レーリンク、A・カッセーゼ『レーリンク判事の東京裁判――歴史的証言と展望』小菅信子訳、新曜社、一九九六年

ちくま新書
1365

東京裁判《とうきょうさいばん》「神話《しんわ》」の解体《かいたい》
——パル、レーリンク、ウェブ三判事《さんはんじ》の相克《そうこく》

二〇一八年一一月一〇日　第一刷発行

著者　デイヴィッド・コーエン
戸谷由麻（とたに・ゆま）

発行者　喜入冬子
発行所　株式会社 筑摩書房
東京都台東区蔵前二-五-三　郵便番号一一一-八七五五
電話番号〇三-五六八七-二六〇一（代表）
装幀者　間村俊一
印刷・製本　三松堂印刷 株式会社

本書をコピー、スキャニング等の方法により無許諾で複製することは、法令に規定された場合を除いて禁止されています。請負業者等の第三者によるデジタル化は一切認められていませんので、ご注意ください。
乱丁・落丁本の場合は、送料小社負担でお取り替えいたします。
© David COHEN, TOTANI Yuma 2018　Printed in Japan
ISBN978-4-480-07190-3 C0221

ちくま新書

1341
昭和史講義【軍人篇】
筒井清忠編
戦争の責任は誰にあるのか。東条英機、石原莞爾、山本五十六ら、戦争を指導した帝国陸海軍の軍人たちの実像を最新研究をもとに描きなおし、その功罪を検証する。

1136
昭和史講義
――最新研究で見る戦争への道
筒井清忠編
なぜ昭和の日本は戦争へと向かったのか。複雑きわまる戦前期を正確に理解すべく、俗説を排して信頼できる史料に依拠。第一線の歴史家たちによる最新の研究成果。

1194
昭和史講義2
――専門研究者が見る戦争への道
筒井清忠編
なぜ戦前の日本は破綻への道を歩んだのか。その原因をより深く究明すべく、二十名の研究者が最新研究の成果を結集する。好評を博した昭和史講義シリーズ第二弾。

1266
昭和史講義3
――リーダーを通して見る戦争への道
筒井清忠編
昭和のリーダーたちの決断はなぜ戦争へと結びついたのか。近衛文麿、東条英機ら政治家・軍人のキーパーソン15名の生い立ちと行動を、最新研究によって跡づける。

1347
太平洋戦争 日本語諜報戦
――言語官の活躍と試練
武田珂代子
太平洋戦争で活躍した連合国軍の言語官。収容所から集められた日系二世の葛藤、養成の違いに見る米英豪加の各国軍事情……。語学兵の実像と諜報戦の舞台裏。

1271
天皇の戦争宝庫
――知られざる皇居の靖国「御府」
井上亮
御府と呼ばれた五つの施設は「皇居の靖国」といえる。しかし、戦後その存在は封印されてしまった。皇居に残された最後の禁忌を描き出す歴史ルポルタージュ。

1132
大東亜戦争 敗北の本質
杉之尾宜生
なぜ日本は戦争に敗れたのか。情報・対情報・兵站の軽視、戦略や科学的思考の欠如、組織の制度疲労――多くの敗因を検討し、その奥に潜む失敗の本質を暴き出す。